AI 미디어 리터러시 교육

AI문고

인공지능 시대입니다. 기계가 인간의 인지를 대신하고, 사물이 인간을 통하지 않고 다른 사물과 직접 커뮤니케이션합니다. 이에 따른 인간 삶과 문명 변화를 정확히 이해·예측·대응하는 것은 이 시대 우리 모두의 과제입니다. AI문고는 인공지능 기술과 환경의 여러 주제를 10가지 키워드로 정리합니다. 관련 개념과 이론, 학계와 산업계의 쟁점, 우리 일상의 변화를 다룹니다. 인간과 기술의 현재, 미래를 세심히 분석합니다.

일러두기

- 인명, 작품명, 저서명, 개념어 등은 한글과 함께 괄호 안에 해당 국가의 원어를 병기했습니다.
- 외래어 표기는 현행 어문규정의 외래어표기법을 따랐습니다. 다만 '딥러닝', '딥마인드', '딥페이크' 등은 관행을 따랐습니다.

처음이세요?

전문가세요?

AI 미디어 리터러시 교육

정용복

대한민국, 서울, 커뮤니케이션북스, 2024

AI 미디어 리터러시 교육

지은이 정용복
펴낸이 박영률

초판 1쇄 펴낸날 2024년 10월 14일

커뮤니케이션북스(주)
출판 등록 2007년 8월 17일 제313-2007-000166호
02880 서울시 성북구 성북로 5-11
전화(02) 7474 001, 팩스(02) 736 5047
commbooks@commbooks.com
www.commbooks.com

ISBN 979-11-288-9567-8 03500

책값은 뒤표지에 표시되어 있습니다.

차례

AI와 미디어의 만남

인공지능(artificial intelligence, AI)은 빠르게 발전하며 우리 삶의 다양한 분야에 영향을 미치고 있다. 미디어 또한 예외는 아니며, AI와의 만남은 미디어 생태계 전반에 변화와 혁신을 불러오고 있다. 미디어의 생산과 유통, 소비의 모든 단계에 이 AI가 적용되고 있으며 그 변화의 속도와 범위가 하루가 다르게 발전하면서 우리의 상상을 초월하고 있다. AI와 미디어의 결합으로 나타나는 신유형의 미디어를 'AI 미디어'로 정의할 수 있다. 미디어는 사람들의 커뮤니케이션을 돕기 위한 수단이며 인간이 지닌 시공간적 한계로서의 물리적 제약을 극복하는 도구로 인식된다. AI 미디어는 알고리듬(algorithm), 학습 데이터(training data), 컴퓨팅 파워(computing power) 등 기술적인 핵심 요소를 활용해 메시지와 콘텐츠를 생성하고, 이를 인식 · 분류 · 예측 등의 과정을 통해 AI를 생산과 소비의 주체로 확장해 사람과 사람, 기계와 기계, 그리고 사람과 기계 간의 소통을 매개하는 미디어로 정의된다(김성민 외, 2018). 즉 AI 미디어는 기계 학습의 알고리듬과 모델 같은 핵심 요소를 활용해 특정 목적을 달성하기 위한 의도적이고 계획된 정보인 메시지(message)와 저작물이나 창작물을 가리키는 콘텐츠(contents)를 최적화해 사용자에게 제공하는 매개체를 의미한다.

AI 미디어의 등장은 전통적인 미디어의 패러다임을 바꿔 놓고 있다. 이제는 사용자의 취향과 관심사를 심층적으로 이해하고 맞춤형 콘텐츠를 제공함으로써 미디어 이용자에게 더욱 풍부한 경험을 선사한다. 그뿐만 아니라 AI를 통해 빠르게 정보를 생성하고 전달함으로써 뉴스의 신속한 보도가 가능하고, 엔터테인먼트 산업에서는 창작물이 탄생하며 새로운 장르와 포맷이 발전하고 있다. AI 미디어는 발전을 거듭하며 사용자에게 더욱 개인화된, 현실감 있고 유익한 경험을 제공하고 있다. 하지만 동시에 사회 현상으로 나타나는 윤리적 문제, 알고리듬 편향성, 창의성 저하, 일자리 감소, 정보 기술 격차 심화 등 앞으로 해결해야 할 과제도 많다. 이러한 과제들을 극복하고 AI를 올바르게 활용한다면, 미디어 산업은 더욱 발전하고 사회에 긍정적인 영향을 미칠 수 있다.

AI 기술로 인한 미디어의 변화

AI는 미디어 콘텐츠 제작 방식부터 소비자 경험까지 미디어 생태계 전반을 변화시키고 있다. AI는 미디어 콘텐츠를 생성하고 가공하며 조정하는 주요 도구가 되고 있다. 어떤 콘텐츠를 삭제할지, 어떤 콘텐츠의 우선순위를 정할지, 누구에게 배포할지를 결정하는 데에 사용된다. 이러한 결정은 디지털 세계의 게이트 키퍼인 온라인 플랫폼에서 운용되는 AI를 통해 실행된다. 그렇다면 AI를 배우기에 앞서 미디어에 대한 이해가 필수적이다. 현대 사회에서 시공간을 확장하는 도구로서 미디어는 우리가 접하는 대상이나 기기(object), 미디어 텍스트나 내용물(text), 우리가 살고 있는 사회 공간의 맥락(context) 등 세 가지 차원으로 구성된다(Courtois et al., 2011). 특히 미디어를 제대로 이해하려면 공간적 · 사회적 · 기술적 · 상징적 환경을 고려한 다양한 맥락적 의미에서 미디어 차원을 고려해야 한다.

공간적 환경(spatial context)은 사람들이 미디어를 소비하는 물리적 장소와 미디어의 상호작용을 의미한다. 예를 들어, 집에서 TV를 보는 것과 공공장소에서 스마트폰을 사용하는 것은 미디어 소비의 맥락을 다르게 만든다. 또한 특정 지역이나 나라의 문화적 · 정치적 상황과 같은 거시적 공간이나 미디어가 배치된 위치와 환경 같은 미시적 공간도 미디어 콘텐츠와 그 소비에 영향을 미치기 마련이다.

사회적 환경(social context)은 미디어가 존재하고 작동하는 사회적 맥락과 구조를 의미한다. 미디어가 사회적 관계에 미치는 영향으로 사람들 간의 소통 방식을 어떻게 변화시키는지, 문화적 배경과 미디어 소비의 관계로서 특정 문화나 하위문화에서 인기 있는 미디어 콘텐츠의 차이가 왜 발생하는지, 인구 사회학적 특성이 미디어 접근성과 사용 방식에 미치는 영향을 고려해야 한다. 예컨대 나이, 성별, 교육, 경제적 지위에 따른 미디어 사용 패턴의 차이 등이 사회적 환경의 맥락과 상호 교류한다.

다음은 다양한 기술 장치와 기반을 포함한 미디어의 기술적 환경(technological context)이다. 기술적 환경은 미디어가 제작 · 유통 · 소비되는 기술적 시스템과 인프라를 의미한다. 기술적 환경으로서 AI 발전과 변화가 미디어 콘텐츠와 소비 방식을 어떻게 변화시키는지, 이러한 변화를 가능하게 하는 AI와 디지털 기술, 인터넷 네트워크, 모바일 기기의 첨단화 등 기술적 인프라를 이해하는 게 중요한 요소가 된다.

마지막으로 미디어의 상징적 환경(symbolic context)에 대해 살펴보겠다. 상징적 환경이란 미디어가 전달하는 메시지와 그 메시지가 개인, 집단, 사회에 미치는 의미를 포함한다. 여기에는 미디어 텍스트와 그 안에 담긴 의미와 상징, 미디어가 전달하는 문화적 가치나 이데올로기와 같은 상징적 의미, 그리고 수용자가 미디어 콘텐츠를 어떻게 해석하고 받아들이는지에 대한 해석과 수용 과정이 포함된다. 이처럼 미디어의 맥락적 의미는 미디어를 둘러싼 다양한 환경적 요인을 고려해 미디어 콘텐츠가 제작되고 소비되는 공간적 환경과 사회적 · 기술적 · 상징적 맥락이 미디어 소비 방식에 미치는 영향을 종합적으로 이해하는 것이다. 이러한 다양한 맥락을 고려할 때 미디어는 정보나 지식 전달 도구를 넘어 복잡한 공간적 · 사회적 · 문화적 · 기술적 현상임을 이해할 수 있다.

AI는 미디어 소비의 대표적 플랫폼인 스마트폰 발전과 더불어 콘텐츠의 제작 · 유통 · 소비 방식을 완전히 전환하고 있으며, 이는 사회 · 경제 · 문화 전반에 걸쳐 영향을 미치고 있다. 이러한 변혁을 이끄는 AI는 초기 자연어 처리를 이용하여 문자나 음성으로 사용자와 대화를 나누는 챗봇(chatbot)에서 다중 형식의 콘텐츠 생성과 다양한 상호 소통을 가능하게 하는 멀티모달 모델(multimodal model)로 진화하고 있다.

AI 시대 도약과 미디어 생태계 진화

AI 플랫폼을 둘러싸고 거대 기술 기업 간 경쟁이 치열하게 펼쳐지고 있다. 2024년은 사용자 요구에 따라 결과를 만들어 내는 생성형 AI(generative AI)와 대규모 언어 모델, 즉 LLM(large language model)의 폭발적 확산으로 AI의 전환점과 획기적 발전을 이룬 해였다. 2024년 5월 13일 오픈AI가 하나의 통합된 AI 모델을 의미하는 옴니모델(omnimodel) 'GPT-4o'를 공개하자 이튿날 구글은 자사의 검색 엔진에 AI를 탑재한 제미나이(Gemini)의 새 버전을 공개했다. 오픈AI에 대거 투자하고 있는 마이크로소프트(MS)는 자사 검색 엔진 빙(Bing)에 오픈AI의 챗GPT 기술을 탑재한 코파일럿(Copilot)과 이미지 생성 프로그램 달리(DALL-E)로 도전장을 내밀었다. 여기에다 아마존의 지원을 받는 앤트로픽은 생성형 AI '클로드(Claude)'의 다양한 서비스 버전을 전 세계에 공개했다. 한국의 기업들도 세계 기업과 경쟁하며 AI를 활용한 새로운 생태계에 뛰어들었다. 이처럼 주요 기술 기업들이 앞다투어 새로운 AI를 선보임에 따라 소비자들은 더욱 다양한 선택지를 가지게 됐다. 이러한 경쟁은 기술 발전을 가속화하고, 사용자 경험을 향상하기 위한 더 나은 AI 서비스를 제공하고자 혁신과 발전을 지속시킬 것으로 보인다.

개인 맞춤형 미디어 경험의 시대

AI 미디어는 음성과 이미지 인식, 자연어 처리 등의 기술을 통해 사용자에게 더욱 편리한 개인 맞춤형 미디어 경험을 제공한다. AI 알고리듬은 개인의 취향, 관심사, 과거 이용 이력 등을 분석해 최적화된 개인 맞춤형 콘텐츠를 추천한다. 알고리듬은 "입력된 데이터를 지정된 계산에 따라 원하는 출력 방식으로 변환하기 위한 인코딩된 절차"를 의미한다(Gillespie, 2014). 이러한 알고리듬은 사용자 중심의 콘텐츠 소비 경험을 제공하며, 원하는 콘텐츠를 더 쉽게 찾고 소비하는 데에 도움이 됨으로써 사용자 참여와 만족도를 높일 수 있게 한다. 이러한 기술은 소비자들에게 새로운 콘텐츠의 발견과 더 풍부한 미디어 경험의 구현을 제공한다.

AI는 콘텐츠 제작자가 잠재적 시청자에게 더 효과적으로 도달하도록 도울 수 있다. AI 기반 챗봇, 댓글 시스템 등을 통해 사용자 참여를 유도하고, 제작자와 소비자 간의 활발한 소통 환경을 조성하는 인터랙티브 콘텐츠 경험을 제공한다. AI는 사용자 문의에 자동으로 답변하고, 피드백을 수집 분석하여 플랫폼이나 콘텐츠의 개선에 활용할 수 있다. AI 기술 발전으로 사용자의 감정과 상황, 심지어 신체적 상태까지 고려해 개인화·개별화된 맞춤 경험을 최적화하여 제공할 수 있다. AI는 사용자의 취향과 행동을 학습해 콘텐츠 검색 및 추천 시스템을 개선하며, 사용자가 관심과 선호도에 맞는 정보를 더 쉽게 찾을 수 있도록 돕고, 사용자 참여를 높이는 데 활용된다.

효율성을 극대화하는 AI

AI는 콘텐츠 제작과 편집 과정을 혁신적으로 단순화하고 자동화해 더 빠르고 효율적인 작업을 가능하게 한다. 새로운 미디어 콘텐츠의 창작 단계부터 이를 편집하거나 구성하는 제작 단계, 사용자가 미디어 콘텐츠와 상호작용하는 소비 단계까지 변혁을 맞이하고 있다. 전통적으로 콘텐츠 제작은 큰 투자와 시간이 필요한 작업이었다. 그러나 AI는 이러한 프로세스를 자동화하고 효율화해 생산성을 크게 향상했다. 그뿐만 아니라 AI는 창의적인 작업에도 새로운 가능성을 열어 주고 있다. AI는 시나리오 작성, 음악 작곡, 이미지 생성, 비주얼 아트, 영상 편집 등 창의적인 콘텐츠 제작을 지원하고 있다. 이는 콘텐츠 제작자의 생산성을 향상하고, 새로운 예술적 표현

방식을 가능하게 한다. AI 기반 이미지 생성 도구는 디자이너들이 그래픽 이미지를 빠르게 만들어 낼 수 있게 도와주며, 자동화된 영상 편집 도구는 콘텐츠 제작자들이 더 높은 품질의 영상물을 짧은 시간 안에 완성할 수 있게 한다. 이러한 기술은 특히 소규모 팀이나 개인 창작자들에게 새로운 기회가 된다.

AI는 뉴스 제작과 유통 등의 저널리즘 변화에도 영향을 준다. 뉴스 기사 작성, 영상 편집, 자막 생성 등 뉴스 콘텐츠 제작 과정을 자동화하는 데에 활용된다. 이는 제작 시간을 단축하고 비용을 절감하며, 기자와 편집자의 업무 효율성을 높인다. 또한 AI 아나운서는 자연어 처리와 음성 합성 기술을 결합해 사람과 거의 구별되지 않는 음성으로 뉴스를 전달하거나 프로그램을 진행하고 있다. AI 아나운서는 텍스트를 읽는 것뿐만 아니라, 다양한 목소리 톤과 감정을 표현할 수 있어, 실제 인간 아나운서와 유사한 경험을 제공한다. 이를 통해 방송사들은 24시간 뉴스 제공이나 반복적인 안내 방송 등을 더욱 효율적으로 운영할 수 있다.

AI 번역 기술을 통해 다국어 뉴스 콘텐츠 제작도 쉬워져 글로벌 뉴스 서비스 제공이 수월해진다. AI는 방대한 양의 방송 프로그램 시청 데이터를 분석하여 프로그램 제작 방향을 설정하는 데에 활용된다. 이는 플랫폼 운영 빅데이터를 분석하여 사용자 트렌드를 파악하고, 이를 바탕으로 데이터 기반의 콘텐츠 제작과 마케팅 전략 수립에 활용할 수 있다.

AI 기반 커뮤니티와 인간 소통의 변화

AI는 사용자의 관심사를 공유하는 개인 맞춤형 커뮤니티를 형성하고 연결한다. 이를 통해 사용자는 자신의 취미, 관심사, 전문 분야에 맞는 사람들과 쉽게 교류할 수 있으며 더욱 깊이 있는 대화와 정보를 나눌 수 있다. AI 기반 소셜 네트워크 플랫폼은 사용자의 활동 기록, 검색 내용, 소셜 미디어 상호작용 등을 분석하여 비슷한 관심사를 가진 사용자들을 추천한다. 이러한 맞춤형 추천 시스템은 사용자가 자신의 관심사에 맞는 그룹이나 포럼에 참여하도록 도와주며, 새로운 사람들과의 연결을 촉진한다.

AI는 사용자들이 참여하는 커뮤니티 내에서 유용한 콘텐츠를 선별하고, 각 개인의 선호에 맞게 콘텐츠를 큐레이션한다. 이는 사용자들이 더 관련성 높은 정보를 쉽게 찾을 수 있게 해 커뮤니티 내의 정보 흐름을 원활하게 한다. 이러한 AI는 사용자를 연결하는 것을 넘어, 개인 맞춤형 경험을 제공하여 커뮤니티의 질을 높이고 사용자 만족도를 향상시킨다. AI가 형성하는 맞춤형 커뮤니티는 점점 더 많은 사람에게 가치를 제공하며, 디지털 상호 작용의 새로운 표준이 되어 가고 있다.

또한 AI는 가상 현실(virtual reality, VR) 및 증강 현실(augmented reality, AR) 기술과 결합하여 새로운 형태의 소통 방식을 창출한다. 원격 회의나 협업에서 참가자들이 AI 기반 딥러닝 기술을 통해 실감 나는 가상 공간에서 실시간으로 상호 작용할 수 있게 하며, 이는 물리적 거리를 극복한 새로운 형태의 협업을 가능하게 한다. 이러한 기술은 교육, 의료, 비즈니스, 엔터테인먼트, 제조업 등 다양한 분야에서 혁신적인 소통 방식을 제공한다.

AI는 다양한 기술적 도구와 네트워크를 통해 모든 사람이 언제 어디서나 상호 연결되며 새로운 형태의 소통을 할 수 있는 초연결 · 초지능 · 초현실 사회를 지향한다. AI는 언어 장벽을 허물고, 다양한 문화와 배경을 가진 사람들이 서로 이해하고 교류할 기회를 제공한다. 기술 발전은 사람들 소통의 질을 높이고, 더 깊이 있는 상호 작용을 가능하게 한다. 이러한 초연결 · 초지능 · 초현실 사회에서는 전 세계 사람들이 더 쉽게 협력하고, 혁신적인 아이디어를 공유하며, 공동의 목표를 향해 나아

갈 수 있다.

AI 시대를 살아가기 위한 필수 역량

AI 미디어 리터러시는 단순히 AI를 사용하거나 다양한 소프트웨어를 사용할 줄 아는 능력이 아니다. AI 미디어의 메시지와 콘텐츠 등 정보를 평가하고 분석하며, 그것에 대한 이해와 인식을 갖자는 것을 의미한다. 새로운 콘텐츠 소비 패턴의 등장과 함께, 소비자들은 이전보다 더 많은 선택지가 있으며, 이는 미디어 생태계의 주체로 떠오르는 추세를 반영한다. 그러나 이러한 주체성은 새로운 콘텐츠와 기술을 효과적으로 이해하고 활용할 수 있는 능력, 즉 AI 미디어 리터러시의 필요성을 강조한다. AI는 앞으로 더욱 발전하고 사회 전반에 걸쳐 많은 영향력을 행사할 것이다. 모든 시민이 AI 미디어 리터러시 능력을 갖추고 AI를 창의적으로 활용할 수 있어야 한다.

AI 미디어 리터러시는 정보 기술 사용법에 대한 미디어 접근을 넘어서는 개념이다. 이는 사용자가 비판적 사고와 윤리적 판단을 할 수 있는 능력을 갖추는 것을 의미한다. 비판적 사고는 정보를 분석하고 관련된 증거와 논리를 통해 그 의미를 깊이 이해하는 능력으로, 미디어 환경에서 진실과 허위를 구별하는 데에 필수적이다. 윤리적 판단은 도덕적 원칙과 가치를 바탕으로 특정 상황에서 무엇이 옳은지 그른지를 판단하는 능력이다. AI가 생성한 콘텐츠와 사람이 제작한 콘텐츠 간의 구별, 개인화된 콘텐츠가 소비자의 의사결정에 미치는 영향 등 AI를 사용할 때에 윤리적 문제나 적절한 행동을 결정하고 실행하는 과정을 배우게 된다.

또한 AI 미디어 리터러시는 정보 평가 능력과 창의적 표현 능력을 포함한다. 정보 평가 능력은 다양한 출처에서 제공되는 정보를 비판적으로 분석하고, 그 신뢰성 · 타당성 · 정확성을 판단하는 능력이다. 현대 사회에서 필수적인 역량으로, 정보의 홍수 속에서 유의미하고 신뢰할 수 있는 정보를 구별해 내는 데에 중요하다. 창의적 표현 능력은 다양한 AI 도구를 활용해 자기 생각을 효과적으로 표현하는 능력을 말한다. 이는 사용자들이 정보의 소비에 그치지 않고, 새로운 콘텐츠를 창작하고 공유할 수 있게 한다.

개인이 사회와 상호 작용하고 공동체의 일원으로서 적극적으로 활동하는 사회적 소통과 참여 역시 AI 미디어 리터러시의 중요한 요소다. 사회적 소통과 참여는 개인이 사회와 상호 작용하고, 공동체의 일원으로서 책임감 있게 행동하며, 사회적 변화를 도모하는 중요한 역량이다. 이는 개인이 공동체의 일원으로서 다양한 미디어 플랫폼에서 효과적으로 소통하고, 사회적 이슈에 적극적으로 참여함으로써 갈등 해결과 협력 촉진을 통해 사회적 문제를 해결하며, 더 나은 미디어 환경에서 주체적으로 행동하고, 책임감 있는 시민으로 성장할 수 있다.

AI 미디어 리터러시는 이러한 다양한 역량을 키움으로써, 미디어 환경에서 정보에 대한 비판적 사고와 윤리적 판단을 할 수 있으며, 창의적이고 효과적으로 소통하는 능력을 갖추게 하는 것을 목표로 한다. 이는 사용자가 미디어 환경에서 주체적으로 행동하고, 책임감 있는 시민으로 성장하는 데에 필요한 디지털 시민으로서의 역량을 갖추는 것을 의미한다. 따라서 AI 미디어 리터러시 교육은 현대 사회의 기본 소양으로서 미래 사회를 대비한 핵심 역량으로 자리 잡아야 한다.

참고문헌

김성민 외(2018). 『AI로 세상을 바꾸는 미디어』(Insight Report 2018-07). 한국전자통신연구원 미래전략연구소.

Courtois, C., et al.(2011). The triple articulation of media technologies in teenage media consumption. *New Media & Society*, 14(3), pp.401-420.

Gillespie, T.(2014). The relevance of algorithms. In T. Gillespie et al.(Eds.), *Media technologies: Essays on communication, materiality, and society*(pp.167–194). The MIT Press.

01
AI 미디어 리터러시의 이해

AI는 인간 지능과 인지 과정을 이해하고 모델링하는 인공 기계 시스템이다. 현재 AI는 기계 학습, 지각, 자연어 처리, 표현 · 추론, 컴퓨터 비전 등 다양한 하위 분야를 포함하고 있다. 이러한 기술들은 우리의 일상생활과 미디어 환경에 깊숙이 스며들어 있다. AI 미디어 리터러시는 미디어 환경에서 AI가 어떻게 사용되는지를 이해하고, 이를 바탕으로 비판적 사고와 올바른 정보 판별력을 향상하는 것을 목표로 한다.

AI와 1인 창업?

AI 정의와 기술의 개요

AI는 특정 연구·개발 분야라는 점을 강조하기 위해 사용하는 용어로, 1956년 마빈 민스키(Marvin Minsky)와 존 매카시(John McCarthy)가 다트머스 하계 AI 연구 프로젝트(Dartmouth Summer Research Project on Artificial Intelligence)를 주최하면서 처음 불렀다(Haenlein & Kaplan, 2019). 지금까지 AI에 대해 정의하고 명확히 설명하려는 많은 시도가 있어 왔다. 그러나 AI의 유용한 정의는 그 쓰임새에 따라 달라진다. 연구자들은 종종 AI가 다양한 개념적 접근 방식과 전문 영역을 포함하는 복잡한 연구 영역이라고 평가한다(Holmes & Tuomi, 2022).

AI는 사람이 정한 특정 목표를 달성하기 위해 실생활이나 가상 환경에 영향을 미치는 예측, 추천, 또는 결정을 내릴 수 있는 기계 기반 시스템을 의미한다(OECD, 2019). AI는 지적 작업을 수행할 수 있는 능력을 갖춘 컴퓨터 시스템으로, 환경에 적용할 예측 기계를 만드는 활동을 포함한다. AI는 외부 데이터를 정확히 해석하고 이를 기반으로 학습하며, 유연하게 적응하여 특정 목표나 작업을 달성하는 데 학습을 활용하는 시스템의 능력으로 그 개념이 확장되기도 한다(Kaplan & Haenlein, 2019). 즉, AI는 인간 지능의 고유 기능인 지각, 인식, 학습, 추론, 문제 해결, 언어 상호 작용, 창의적 작업 등을 수행하는 기계 시스템이다(COMEST, 2019). AI 시스템은 인간과 상호 작용하며, 직간접적으로 환경에 영향을 미친다. 종종 자율적으로 작동하는 것처럼 보이며, 상황에 대한 학습을 통해 자기 행동을 조정할 수 있다(UNICEF, 2021). 이러한 맥락에서 AI라는 용어는 서로를 지원하고 강화할 수 있는 잠재력을 가진 사회적 기술 시스템을 의미하기도 한다.

AI는 다양한 분야에서 생산성을 향상시키고 업무 프로세스 혁신을 이뤄 낸다. AI는 여러 가지 구체적인 기술로 나뉘는데, 크게 데이터 기반, 논리 기반, 지식 기반의 세 가지 접근 방식으로 분류할 수 있다. 데이터 기반 AI는 기계 학습(machine learning)과 딥러닝(deep learning), 인공 신경망(artificial neural network) 기술을 접근 방식으로 하며, 빅데이터를 활용해 패턴을 인식하고 예측 모델을 만드는 방식이다. 논리 기반 접근 방식은 수학적 논리와 규칙 기반 시스템을 사용하여 문제를 해결하는 방법으로, 명시적인 규칙과 논리를 사용해 결정을 내리고 추론을 수행한다. 지식 기반 접근 방식은 특정 도메인에 대한 지식을 활용하여 문제를 해결하는 방식으로 도메인 전문가의 지식과 경험을 체계적으로 정리하여 시스템에 통합한다. 이러한 접근 방식에 따른 주요한 AI 기술에는 기계 학습, 딥러닝, 자연어 처리(natural language processing, NLP), 컴퓨터 비전(computer vision), 강화 학습(reinforcement learning), 생성적 적대 신경망(generative adversarial networks, GANs), 음성 인식 · 합성(speech recognition & synthesis), 로보틱스(robotics), 예측 분석(predictive analytics), 데이터 마이닝(data mining) 등이 있다.

기계 학습은 대량의 데이터에 접근하고, 패턴을 학습하며, 이를 기반으로 명시적인 프로그래밍 없이도 예측하거나 결정을 내리도록 학습할 수 있는 모든 유형의 컴퓨터 프로그램을 말한다(UNESCO, 2022). 스팸 이메일 필터링, 넷플릭스와 아마존의 추천 시스템, 시리와 구글 어시스턴트의 음성 인식 등 다양한 예가 있다. 딥러닝은 인공 신경망을 사용해 복잡한 패턴과 특징을 학습하는 기계 학습의 고급 분야로, 정형 · 비정형 데이터를 처리할 수 있어 이미지 · 음성 인식, 자율 주행 자동차, GPT-4o 같은 자연어 처리 기술에 적용된다.

자연어 처리는 컴퓨터가 사용할 수 있는 인간 언어나 텍스트의 규칙 기반 모델을 만들기 위해 컴퓨터 과학과 인간의 언어를 이해하고 생성하는 학제 간 분야로, 구글 · 딥엘(딥플) · 파파고의 텍스트 번역, 챗봇, 텍스트 요약, 감정 분석 등에 사용된다. 컴퓨터 비전은 이미지나 비디오 등의 시각적 입력에서 수집된 정보를 추출하고 해석하는 기술로, 얼굴 인식, 객체 탐지, 자율 주행차의 환경 인식, 제조 분야의 품질 관리 도구, 의료 이미지 분석에서 활용된다.

강화 학습은 환경과의 상호 작용을 통해 보상을 최대화하는 방향으로 학습하는 지속적인 기계 학습의 한 유형(UNESCO, 2022)으로, 게임 AI, 로봇 제어, 자율 주행차에서 사용된다. 생성적 적대 신경망은 생물학적 신경망의 구조와 기능을 기반으로 두 개의 신경망이 경쟁하면서 데이터를 생성하는 기술로, 새로운 콘텐츠를 생성하도록 설계돼 있어 이미지 생성, 딥페이크, 사진을 그림처럼 변환하는 스타일 전이 등에 적용된다.

음성 인식 · 합성 기술은 음성을 텍스트로 변환하거나 텍스트를 음성으로 변환하는 기술로, 음성 비서, 음성 문자 변환, 텍스트 음성 변환(TTS)에 활용된다. 로보틱스는 로봇의 설계, 제작, 운영을 포함하며, AI를 통해 로봇의 자율성과 기능을 향상한다. 이는 산업용 로봇, 서비스 로봇, 탐사 탐사 로봇에 적용된다.

예측 분석은 데이터를 분석하여 미래의 트렌드나 행

동을 예측하는 기술로, 금융 시장, 고객 행동, 다양한 수요 예측에서 사용된다. 데이터 마이닝은 대규모 데이터 집합에서 유의미한 패턴이나 정보를 추출하는 기술로, 마케팅 분석, 고객 세분화, 전자 상거래, 교육 학습에 활용된다. 이러한 다양한 AI 기술은 서로 결합해 더욱 강력한 응용 프로그램과 시스템을 만든다. AI는 의료, 금융, 제조, 엔터테인먼트, 교육 등 다양한 산업에서 혁신을 주도하며, 계속해서 발전하고 있다.

이러한 AI는 알고리듬, 학습 데이터, 컴퓨팅 파워를 결합한 기술의 집합체로서(European Commission, 2020) 기술의 핵심 구성 요소에 대한 이해도 필요하다. 각 요소가 AI 시스템을 구축하고 운영하는 데에 필요한 기본적인 요소로서 독립적인 AI를 가능하게 하는 필수적인 기반이다. 알고리듬은 문제를 해결하기 위해 정해진 일련의 절차나 규칙을 의미한다. 특정 작업을 수행하기 위해 컴퓨터가 따라야 하는 단계별 명령어 집합 개념으로서 알고리듬은 데이터 처리, 계산, 자동 추론, 문제 해결 등의 다양한 분야에서 사용된다. 학습 데이터는 기계 학습 모델을 훈련하기 위해 사용하는 데이터 세트다. 학습 데이터에는 입력값과 그에 대한 정답(레이블)이 포함돼 있어 특정한 모델이 학습 과정에서 피드백을 받고 패턴을 인식하고, 예측할 수 있는 성능 향상을 전제로 한다. 컴퓨팅 파워는 컴퓨터 시스템의 처리 능력을 의미한다. 이는 CPU(중앙 처리 장치), GPU(그래픽 처리 장치), 메모리, 저장 장치 등의 하드웨어 자원과 관련이 있다. 높은 컴퓨팅 파워는 더 빠른 데이터 처리, 복잡한 계산, 대규모 데이터 분석, 고성능 기계 학습 모델 훈련 등을 가능하게 한다.

이 세 가지 요소는 AI 핵심 구성 요소로, 각각의 역할이 매우 중요하다. 알고리듬은 문제 해결의 논리적 구조를 제공하고, 학습 데이터는 모델을 훈련하는 데에 사용되며, 컴퓨팅 파워는 이러한 작업을 효율적으로 처리할 수 있게 한다.

AI 미디어 리터러시 개념

AI 디지털 시대에서 커뮤니케이션 · 정보 기술의 채택이 증가함에 따라 시민의 AI 미디어 리터러시 중요성이 커지고 있다. 급속한 디지털화로 인한 사회적 · 경제적 · 정치적 변혁의 대전환기를 맞아 지식과 정보의 양과 종류가 폭발적으로 증가하면서 AI의 이해를 위한 비판적 사고력을 중심으로 하는 AI 미디어 리터러시 역량에 대한 관심이 높아지고 있다. 미디어 리터러시는 교육적 관점에서 비판적이고 성찰적인 접근 방식이며, 미디어 리터러시를 갖추고 있다는 것은 사회의 문화적 · 경제적 · 정치적 구조에 접근할 수 있는 역량으로서 중요성이 있다. 미디어 리터러시는 미디어 역량을 달성하는 데에 필요한 기술, 즉 일상생활과 업무, 커뮤니케이션을 위해 미디어 기술을 자신감 있고 비판적으로 사용하는 능력으로 이해할 수 있다. 미디어 리터러시는 다양한 형태의 정보에 접근하고, 분석하고, 평가하고, 소통하는 능력을 포함한 일련의 커뮤니케이션 역량으로, 미디어의 본질, 미디어가 사용하는 기술, 미디어의 광범위한 메시지를 비판적으로 사고하고 창의적으로 제작하는 기술과 개념의 집합이다.

영국의 미디어 규제 기관인 오프콤(Ofcom, 2004)은 미디어 리터러시를 다양한 맥락에서 커뮤니케이션에 접근하고 이해하며 창조하는 능력이라고 명확하고 간결하게 제시한다. 홉스(Hobbs, 2010)는 텍스트와 도구 · 기술의 사용, 비판적 사고와 분석 능력, 메시지 작성과 창의성의 실천, 윤리적 사고, 그리고 팀워크와 협력을 통한 적극적 참여 등을 포함하는 인지적 · 정서적 · 사회적 역량의 전체 범위를 포함한다. 더 구체적으로는 미디어가 작동하는 방식, 사회적 의미를 생산하는 방식, 미디어가 현실을 구성하는 방식에 대한 사람들의 이해와 즐거움을 높이려는 교육적 시도다. 그래서 미디어 리터러시는 단순히 미디어를 활용한 교육이 아니라 미디어 정보와 이미지를 이해하고, 텍스트 구성과 맥락에 의문을 제기하며, 메시지를 분석하고 평가하기 위해 올바른 형태의 미디어와 콘텐츠를 선택할 수 있는 능력의 범주로 이해해야 한다. 이럴 때 미디어 리터러시가 없다면 미디어가 우리 일상에 미치는 강력하고 영향력 있는 역할에 대해 생각하지 않은 사람들이 더 많아질 수 있다.

정보화 사회에서 AI 디지털 사회로 전환되면서 과학기술의 발전은 개인 삶의 모든 측면에 반영되어 일상생활과 유리되지 않은 통합성의 특징을 보인다. 직장과 교육, 공공 서비스, 경제, 행정, 의료, 오락, 문화 등 사회생활의 모든 측면에 스며들어 현대 사회에서 중심적인 역할을 하고 있다. 이처럼 AI 디지털 기술 발전은 개인의 생활 구조와 의식, 행동 등의 생활 체계를 변화시켰을 뿐만 아니라 기회와 위기를 동시에 제공하고 있다. 사람들은 이러한 환경에서 자기감정과 생각을 공유하고, 정보를 교환하며, 다양한 사건에 대한 해석 체계를 작동한다.

이때 리터러시(literacy, 문해력)는 읽기와 쓰기의 기본 능력을 포괄하는 것은 물론이고 기술 도구의 기능을 이해하고 성공적으로 수행하는 능력이며, 사회에서 생존하는 데에 필요한 정보에 연결하는 기술을 갖추는 역량으로 이해할 수 있다(Dupuis, 1997). AI 디지털 시대에 리터러시는 읽고 쓰는 능력을 넘어 AI 미디어 도구에 대한 역량, 그리고 미디어 정보와 콘텐츠의 사회적 의미까지 포함하는 개념으로 진화했다.

AI 미디어 리터러시는 AI와 미디어의 융합을 이해하고, 이를 통해 미디어 접근, 비판적 사고, 정보 판별 능력, 윤리적 판단, 창의적 표현, 사회적 소통과 참여 능력을 향상하는 포괄적인 역량이다. AI가 데이터를 수집 · 정리 · 조작 · 분석하는 방법을 이해하는 능력인 데이터 리터러시와 AI 알고리듬이 데이터에서 패턴과 연관성을 찾는 방법을 이해하는 능력인 알고리듬 리터러시를 포함한다(Miao & Holmes, 2021). 콩 외(Kong et al., 2021)는 AI 리터러시를 AI 역량을 개발하는 인지적 차원, 일상과 직장에서 AI에 대응할 수 있도록 시민 역량 강화에 중점을 둔 정의적 차원, 지속 가능한 글로벌 발전을 위한 AI의 윤리적 사용을 장려하는 사회 문화적 차원으로 구분했다. AI 미디어 리터러시는 AI와 미디어의 상호작용 이해를 바탕으로 미디어 콘텐츠를 비판적으로 분석하며, 올바른 정보 판별 능력과 윤리적 판단을 기르는 것을 목표로 한다. 또한 AI 도구를 활용하여 창의적으로 콘텐츠를 생성하고, 이를 효과적으로 소통하는 능력과 함께 AI와 미디어를 활용해 사회적 이슈에 적극적으로 참여하고 책임감 있고 주체적인 시민으로 행동하고 성장하는 데에 필요한 역량을 함양하는 것을 포함한다.

AI 미디어 리터러시 교육의 내용은 '데이터 사용', '알고리듬 적용', '모델링 활용', '사회적 영향 이해'로 구성한다. 데이터 사용은 AI를 활용해 문제를 해결하기 위해 일상생활 속에서 수집할 수 있는 정형/비정형 자료의 올바른 사용을 의미한다. 알고리듬 적용은 데이터를 입력하고 처리하여 결과를 출력하는 일련의 절차다. 모델링 활용은 문제를 해결하기 위해 데이터와 알고리듬을 기반으로 AI를 활용하는 과정이다. 사회적 영향 이해는 AI가 인간과 사회에 미칠 수 있는 영향을 고려하고, AI의 개발과 활용 과정에서 발행하는 윤리적 문제를 해결하려는 노력을 의미한다(유정수 외, 2022).

오랫동안 리터러시는 문자를 읽고 쓰는 능력과 관련하여 이해되었지만, 최근 디지털 기술의 확산은 리터러시의 정의를 변화시켰다. 리터러시는 이제 인간 중심적 역량과 기술 중심적 역량의 균형이 필요하다. 따라서 AI가 인간의 고유성과 사회에 미치는 영향, AI 생성 · 조작 · 해석에 필요한 정보 통신 기술(ICT), 기술의 구현 도구로서의 미디어, 지속 가능한 평생 교육, 글로벌 · 민주 · 디지털 시민 교육과 관련된 다양한 역량을 포함하는 유연한 개념으로 자리 잡았다. AI 미디어 리터러시도 디지털 문해력, 계산적 문해력, 비판적 문해력 등 다양한 새로운 리터러시 등장과 함께 발전해 왔다. 현대 사회의 목표는 사람들이 언어를 통해 질문하기(ask), 적용하기(adapt), 작성하기(author), 분석하기(analyze) 등 네 가지 역량(4As)을 통해 사회에 효과적으로 참여할 수 있도록 하는 능동적 리터러시의 활성화다(Druga et al., 2021). '질문하기'는 AI 미디어 리터러시에서 정보의 출처와 신뢰성, 목적을 비판적으로 평가하기 위해 올바른 질문을 던지는 능력을 의미한다. 사용자가 AI가 제공하는 정보나 결과에 대해 의문을 제기하고, 그 이면에 있는 데이터를 이해하려는 태도를 포함한다. 비판적 사고를 강화하여 사용자가 정보의 정확성과 신뢰성을 검증하며, 민주적 의사결정 과정과 개인의 정보 주권을 지키는 데에 필수적이다. '적용하기'는 다양한 AI 도구와 기술을 이해하고, 이를 자신의 필요와 상황에 맞게 적절히 활용하는 능력이다. 사용자가 AI를 습득하고, 변하는 기술 환경에 유연하게 적응해 생산성을 높이고, 다양한 문제를 창의적으로 해결할 수 있게 한다. '작성하기'는 AI를 활용하여 콘텐츠를 제작하고, 자기 아이디어를 표현하는 능력이다. 텍스트, 이미지, 비디오 등 다양한 형태의 디지털 콘텐츠를 창작하고, AI 도구를 사용하여 이를 개선하거나 변형하는 과정이다. AI 도구를 활용한 콘텐츠 제작 능력은 현대 사회에서 중요한 커뮤니케이션 스킬로, 다양한 플랫폼에서 영향력을 발휘할 수 있다. '분석하기'는 데이터를 해석하고, 분석하며, 그 결과를 바탕으로 인사이트를 도출하는 과정을 포함한다. 데이터에 기반한 의사 결정을 가능하게 하여 개인뿐만 아니라 조직과 사회 전반의 의사 결정 과정을 개선하고, 데이터 기반의 혁신을 촉진한다.

참고문헌

유정수 외(2022). 『미래 세대 AI 함양을 위한 교원의 AI교육 역량 강화 방안 연구』(성과물 번호 D20600001). 한국과학창의재단.

COMEST(2019). *Preliminary study on the ethics of artificial intelligence*. UNESCO.

Druga, S., et al.(2021). The 4As: Ask, adapt, author, analyze-AI literacy framework for families. In *Algorithmic rights and protections for children*.

Dupuis, E. A.(1997), The information literacy challenge: Addressing the changing needs of our students through our programs. *Internet Reference Services Quarterly*, 2(2/3), pp.93-111.

European Commission(2020). *White paper on artificial intelligence: A European approach to excellence and trust.* European Commission.

Haenlein, M., & Kaplan, A.(2019). A brief history of AI: On the past, present, and future of artificial intelligence. *California Management Review*, 61(4), pp. 5-14.

Hobbs, R.(2010). *Digital and media literacy: A plan of action.* The Aspen Institute & Knight Foundation.

Holmes, W., & Tuomi, I.(2022). State of the art and practice in AI in education. *European Journal of Education*, 57(4), pp.542-570.

Kaplan, A., & Haenlein, M.(2019). Siri, Siri, in my hand: Who's the fairest in the land? On the interpretations, illustrations, and implications of artificial intelligence. *Business Horizons*, 62(1), pp.15-25.

Kong, S.C., et al.(Eds.)(2021). *Conference proceedings (English Paper) of the 25th Global Chinese Conference on Computers in Education (GCCCE 2021).* The Education University of Hong Kong.

Miao, F., & Holmes, W.(2021). *International Forum on AI and the Futures of Education, developing competencies for the AI Era, 7-8 December 2020: Synthesis report.* UNESCO. https://unesdoc.unesco.org/ark:/48223/pf0000377251

Miller, T.(2019). Explanation in artificial intelligence: Insights from the social sciences. *Artificial Intelligence*, 267, pp.1-38.

OECD(2019). Recommendation of the council on artificial intelligence.

https://legalinstruments.oecd.org/en/instruments/oecd-legal-0449

Ofcom(2004). *Ofcom's strategies and priorities for the promotion of media literacy: A statement.* https://www.ofcom.org.uk/siteassets/resources/documents/consultations/uncategorised/9300-strategymedialit/secondary-documents/strat_prior_statement.pdf?v=334257

UNESCO(2022). *K-12 AI curricula: A mapping of government-endorsed AI curricula.* https://unesdoc.unesco.org/ark:/48223/pf0000380602

UNICEF(2021). *Policy guidance on AI for children.* https://www.unicef.org/innocenti/reports/policy-guidance-ai-children

02
AI 미디어 생태계

AI 미디어 생태계는 AI를 활용해 미디어 콘텐츠의 생산, 유통, 소비 과정을 혁신적으로 변화시키는 유기적 체계다. AI 미디어 생태계는 방대한 데이터를 분석하고 예측하는 능력으로 인간과의 상호 작용으로 효율성을 극대화하며, 이용자의 행동과 선호도를 예측하여 맞춤형 콘텐츠를 제공하기도 한다.

AI와 MBTI?

AI 미디어와 인간의 상호 작용성

AI의 부상으로 인간과 기술 간의 상호 작용이 재편되면서 사용자의 역량과 AI 미디어에 대한 새로운 요구 사항이 생겨나고 있다. 러셀과 노빅(Russell & Norvig, 2020)은 창의성, 자기 주도 학습, 언어 활용 등 인간의 능력을 복제하는 알고리듬이나 복잡하고 지속해서 변화하는 환경에서 자율적으로 작동하는 기계 등 다양한 애플리케이션과 사용 사례의 연구가 인간과 AI의 다양한 상호 작용에 반영된다고 설명한다.

상호 작용성은 "커뮤니케이션 기술과 사용자 간, 또는 기술을 통한 사용자 간의 상호 작용을 가능하게 하는 매개 환경의 기술적 속성"을 의미한다(Bucy & Tao, 2007). 키오시스(Kiousis, 2002)는 "상호 작용성은 커뮤니케이션 기술, 맥락, 인식에 따라 달라지는 미디어이자 심리적 요소"로서 상호 작용성을 기술적 특성(technological properties), 커뮤니케이션 맥락(communication context), 사용자 인식(user perceptions) 간의 연결에 기반한 것으로 정의한다. 상호 작용성은 인간이 다른 상대방이나 사물과 상호 영향을 미치는 정보를 교환할 때 발생한다. 인간 경험으로서 상호 작용은 신체 전체와 감각과 감정을 포함한다. 사람은 AI를 제어하여 자신에게 의미

있는 작업을 수행하고, AI는 상호 작용의 참여자인 사용자의 입력에 따라 변화하고 반응하며 정보가 교환되는 순환이 이뤄진다. 이때 사용자는 대화 같은 인간 커뮤니케이션에 참여하는 것처럼 AI 시스템과 상호 작용하고 있다고 인식할 수 있다.

일찍이 미디어화(mediatization)는 인간이 미디어와의 상호 작용으로 사회의 다른 부문에 영향을 미치는 과정으로 정의돼 왔다. 미디어화는 "기관과 그 기관을 통해 재생산, 유지, 발전시키는 행위자 간의 상호 영향과 형성 관계 속에서 구성된다"라고 할 수 있다(Kammer, 2013). 기술은 또한 우리가 사회와 장치에 대해 생각하는 방식에 영향을 미치기 때문에 이러한 미디어화의 개념이 AI와의 상호 작용에도 적용될 수 있다. AI가 일상생활과 다양한 산업에 깊숙이 통합됨에 따라 인간 행동과 사회 구조 역시 이에 맞추어 변화하고 있다. 이는 개인의 의사소통 방식, 업무 처리 방식, 그리고 정보 습득 · 분석 방식 등 여러 측면에서 새로운 패러다임을 만들어 내고 있다. 따라서 AI와의 효과적인 상호 작용을 위해서는 기술적 숙련도뿐만 아니라, AI가 창출하는 데이터를 이해하고 비판적으로 평가하는 능력도 필수적이다.

AI가 인간에게 접근하는 방식은 인간의 존엄성, 자유,

평등, 연대의 보편적 가치를 대변하고 증진하기 위한 상호 작용 방식을 반영한다. AI와 인간 상호 작용의 조건은 사용자가 상호 작용에 의한 기대감, 속성·역량에도 영향을 미친다. AI 시스템은 사용자와의 지속적인 상호 작용을 통해 학습하고 발전할 수 있도록 설계되어야 한다. AI 시스템은 윤리적 설계 원칙을 준수해야 하며, 이는 투명성, 설명 가능성, 공정성, 형평성, 책임성 등을 포함한다. 사용자들은 AI와의 상호 작용을 통해 얻는 경험이 신뢰할 수 있고 안전하다고 느껴야 한다. 이러한 신뢰는 AI 시스템이 사용자 데이터의 프라이버시를 보호하고, 의도하지 않은 편향이나 차별을 피하려고 노력하는 데서 비롯된다. 더 나아가, AI는 사용자의 피드백을 반영하여 지속해서 개선되고, 다양한 사용자의 요구를 충족시킬 수 있는 유연성을 갖추어야 한다. AI와 인간의 상호 작용은 기술이 도구를 넘어서 인간의 삶을 풍요롭게 하고 사회적 가치를 증진하는 방향으로 나아가야 한다.

AI가 미디어 생태계에 미치는 영향

지난 수십 년 동안 생물학적 은유에서 시작된 미디어 생태계(media ecosystem)라는 용어는 학술·응용 전략에 대한 논의에서 널리 사용되고 있다. 이 용어의 부상은 특히 미디어 기술의 변혁적 발전에 따른 상호 의존성에 기인한 관심과 우려가 증가했음을 반영한다. 미디어 생태계는 미디어 세계의 유기체라 할 수 있는 미디어 조직과 개인이 상호 작용하는 기반에 의해 지원되는 상생의 공동체다. 즉, "미디어 콘텐츠 또는 서비스를 제공하는 여러 개의 핵심 기업을 중심으로 상호 작용하고 공진화하여 공동의 가치 제안을 창출하는 상호 의존적인 조직·이해관계자의 다층적이고 역동적인 구조 시스템"으로 설명된다(Kostovska et al., 2021). 상호 연결된 미디어 조직, 콘텐츠 생산자, 경쟁 미디어·이해관계자도 생태계 구성원으로 포함된다. 생태계 가치는 다양한 생태계 참여자들의 상호 작용과 공생을 통해 전문화·공진화·공동의 가치를 총체적으로 창출한다(Adner & Kapoor, 2010; Ceccagnoli et al., 2012). 시간이 지남에 따라 이들은 각자의 역량과 역할을 함께 발전시키며, 기술의 발전 방향에 따라 공동의 비전을 향해 상호 지원하는 다수가 참여한다.

비슷한 맥락에서 AI를 중심으로 미디어는 빠르게 상호 작용하며 미디어 생태계에 급격한 변화를 불러오고 있다. 생태계 측면에서 유럽연합 집행위원회(European Commission, 2020)는 AI를 우수성 생태계와 신뢰 생태계로 구분했다. 우수성 생태계는 유럽 전역에서 연구, 혁신, AI 적용을 위한 노력을 조율하는 것을 포함하는데, 자원을 동원하고 중소기업 등의 AI 솔루션 채택을 가속하기 위한 적절한 유인책을 창출하여 AI 해결책의 채택을 가속하는 데에 중점을 두고 있다. 신뢰 생태계는 AI 시스템이 공공의 신뢰를 얻고 혁신을 촉진하기 위해 기본권과 소비자 권리를 보호하는 규제 내에서 운영되도록 하는 데에 중점을 둔다.

AI 시스템, 미디어, 플랫폼, 협력, 네트워크, 콘텐츠 생성과 필터링, 공급망, 가치 네트워크 등과 관련한 생태계 개념은 새로운 가치 창출 · 가치 포착 모델에 대해 인식을 제고하고 관심을 집중시켰다. AI는 콘텐츠 생성과 필터링, 사용자 경험의 극대화, 개인 맞춤형 콘텐츠, 미디어 분석과 예측까지 미디어 산업의 거의 모든 측면을 혁신하고 새로운 경험을 창출하고 있다. 그러나 전통 미디어의 붕괴, 상호 의존성의 증가, 생산적인 생태계에서의 공생 관계의 잠재력 등이 강조되는 경향이 있다.

AI와 미디어는 서로 깊게 연관되어 있으며, 상호 작용을 통해 새로운 가능성을 모색하고 있다. AI는 미디어 산업의 변화하는 모습을 계속 이끌어 갈 것으로 예상된다. AI는 기술이 발전함에 따라 미디어 제작, 콘텐츠 추천,

광고 표적화, 사실 확인 분야에서 더욱 정교해지고 강력해질 것이다. 이러한 변화는 미디어 소비 방식에 큰 영향을 미치고 있다. 동시에 법적 책임과 윤리적 고려와 도전에 대한 대응이 필요하다. 인간과 기계의 경계가 희미해지면서 개인 정보 보호, AI 판단의 신뢰성, 차별과 공정성 등 다양한 윤리적 문제에 대한 논의가 이뤄지고 있다.

AI와 AR, VR, 메타버스

1992년에 출간된 닐 스티븐슨(Neal Stephenson)의 소설 『스노 크래시(Snow Crash)』에서 처음 사용된 '메타버스(metaverse)'는 현실 세계의 물리적 제약 없이 사람들이 주변 환경과 상호 작용하는 가상 세계를 의미한다. '초월과 가상'을 의미하는 접두사 메타(meta)와 '세계와 우주'를 의미하는 유니버스(universe)로 구성돼 있다. 초기 메타버스 중 가장 인기 있었던 플랫폼은 2003년 린든랩(Linden Lab)에서 개발한 '세컨드 라이프(Second Life)'였다. 세컨드 라이프를 통해 게임 애호가들에게 웹 기반 가상 세계의 문이 열렸으며, 사용자는 자신의 아바타를 만들고 그 아바타의 모든 기능을 결정할 수 있는 제2의 세계를 경험할 수 있었다. 그 한계는 오직 상상력에 달려 있었다.

메타버스는 여러 사용자가 물리적 분리 없이 증강현실(AR)과 가상 현실(VR)을 구현하고 아바타와 그 환경을 통해 사회, 경제, 문화 활동을 수행하고 완전히 몰입하는 3차원 가상 세계다(Owens et al., 2011). AR는 현실 세계의 환경에 컴퓨터로 생성된 가상 요소를 덧붙여 사용자에게 제공하는 기술로, 의료 · 제조 · 교육 · 경제 등 다양한 분야에서 전문적으로 활용된다(Hantono et al., 2018). VR는 사용자가 가상의 세계와 상호 작용하며, 생생하고 사실적인 환경에 완전히 몰입할 수 있도록 하는 기술이다(Velev & Zlateva, 2017). 이 두 기술은 메타버스의 핵심 구성 요소로서, 사용자가 물리적 한계를 넘어 새로운 경험을 할 수 있도록 한다.

AI 발전으로 메타버스는 더욱 혁신적인 변화를 맞이하고 있다. AI는 메타버스 내에서 사용자 경험을 개인화하고, 지능형 아바타를 만들어 사용자와 상호 작용하며, 현실과 가상의 경계를 허물고 있다. AI는 직관적이고 자연스러운 방식으로 인간과 대화하고 반응하는, 지각이 있는 가상 존재와 메타버스를 구축하는 데에 사용될 수 있다. AI는 사용자들의 행동 패턴을 분석하거나 자연어 처리를 통해 사용자의 음성 명령을 이해하고 응답해 그에 맞는 콘텐츠와 상호 작용 방식을 제안함으로써 사용자들이 더욱 풍부한 경험을 할 수 있도록 돕는다.

AI는 VR와 결합하여 사용자에게 더욱 몰입감 있는 경험을 제공한다. 예를 들어, 가상현실 속에서 AI는 사용자와 실시간으로 상호 작용하며, 사용자의 반응에 따라 환경을 동적으로 변화시킨다. 또한 AR와 결합한 AI는 현실 세계에 유용한 정보를 실시간으로 제공하고, 사용자의 요구에 맞춰 가상 요소를 조정한다.

앞으로 AI와 메타버스의 결합은 교육, 의료, 비즈니스 등 다양한 분야에서 새로운 가능성을 열어 갈 것이다. 예를 들어, 가상 교실에서 AI 교사가 학생들의 학습 진도를 파악하고 맞춤형 교육을 제공하거나, 의료 분야에서는 원격 진료를 통해 전 세계 어디서나 의료 서비스를 받을 수 있는 환경이 조성된다. AI와 메타버스, 그리고 AR와 VR의 융합은 우리의 일상생활을 혁신적으로 변화시키며, 물리적 한계를 넘어선 새로운 세상을 열어 가고 있다.

참고문헌

Adner, R., & Kapoor, R.(2010). Value creation in innovation ecosystems: How the structure of technological interdependence affects firm performance in new technology generations. *Strategic Management Journal*, 31(3), pp.306-333.

Bucy, E. P., & Tao, C.-C.(2007). The mediated moderation model of interactivity. *Media. Psychology*, 9(3), pp.647-672.

Ceccagnoli, M., et al.(2012). Co-creation of value in a platform ecosystem: The case of enterprise software. *MIS Quarterly*, 36(1), pp.263-290.

European Commission(2020). *White paper on artificial intelligence: A European approach to excellence and trust.* European Commission.

Hantono, B. S., et al.(2018). Meta-review of augmented reality in education. In *2018 10th international conference on information technology and electrical engineering (ICITEE)*(pp. 312-315).

Kammer, A.(2013). The mediatization of journalism. *MedieKultur/Journal of Media and Communication Research*, 29(54), pp.141-158.

Kiousis, S.(2002). Interactivity: A concept explication. *New Media & Society*, 4(3), pp.355-383.

Kostovska, I., et al.(2021). Going beyond the hype: Conceptualising "media ecosystem" for media management research. *Journal of Media Business Studies*, 18(1), pp.6-26.

Owens, D., et al.(2011). An empirical investigation of virtual world projects and metaverse technology capabilities. *ACM SIGMIS Database: the DATABASE for Advances in Information Systems*, 42(1), pp.74-101.

Russell, S., & Norvig, P.(2020). *Artificial intelligence: A modern approach* (4th ed.). Prentice-Hall.

Velev, D., & Zlateva, P.(2017). Virtual reality challenges in education and training. *International Journal of Learning and Teaching*, 3(1), pp.33-37.

03
AI 미디어 콘텐츠의 생산과 소비

AI는 미디어 콘텐츠 제작자에게 창의성과 생산성을 높이는 기회를 제공하고, 소비자에게는 더욱 개인화된 경험을 제공하여 만족도를 극대화한다. AI 미디어 콘텐츠의 생산과 소비는 효율성과 맞춤화의 가치를 실현함으로써 미디어 산업 전반에 걸쳐 혁신적인 변화를 불러온다.

AI와 난임 극복?

AI와 미디어 콘텐츠 생산

AI와 미디어 콘텐츠 생산의 구조와 목적을 이해하기 위해 프로그램 단위인 콘텐츠와 저널리즘의 매개물인 뉴스로 구분해 설명하면, 먼저 콘텐츠는 저작물이나 창작물로서 TV, 동영상 플랫폼, 스트리밍 서비스에서 방송되는 다양한 프로그램의 단위다. 프로그램은 드라마, 예능, 다큐멘터리, 스포츠 중계 등 다양한 장르를 포함한다. 주로 대중의 오락, 정보 제공, 교육 등을 목적으로 제작된다. AI가 시청자를 능동적인 제작자이자 소비자로서 미디어 경험을 극대화할 수 있게 한다. 문자 프롬프트나 음성 명령만으로 개인화된 게임 디자인, 영화, 음악, 드라마 등을 제작하고 개인의 취향에 맞게 콘텐츠를 조정하여 전례 없는 수준의 맞춤형 콘텐츠 생산이 이뤄지고 있다. 시각 분야에서는 달리(DALL-E)나 미드저니(MidJourney)와 같은 도구가 프롬프트에서 복잡한 이미지를 생성하는 기능을 도입해 제작자가 예술적 기술 없이도 장면과 캐릭터를 시각화할 수 있도록 지원한다. 이 기술은 생성적 적대 신경망, 자동 회귀 방법, 확산 기반 방법을 기반으로 한다. 또한 3D 모델 생성이 가능한 AI 도구를 통해 사용자는 정교하고 복잡한 3차원 캐릭터와 환경을 제작할 수 있어 가상 세계와 인터랙티브에 더욱 깊이 몰입할 수 있다.

한편, 저널리즘은 사회적 이슈와 사건에 대한 사실 기반의 보도와 논평을 의미하며, 정확성 · 객관성 · 공정성 등의 원칙을 중시한다. 저널리즘에서 AI는 뉴스 선호도에 따라 사용자를 목표로 하는 동시에 현대의 탐사 보도, 뉴스 제작 · 배포를 재편했다(de Lima-Santos & Ceron, 2021; Stray, 2019). 지금까지 연구자들은 뉴스룸의 AI 도구를 활용한 컴퓨터화를 자동화된 정보 생성과 콘텐츠 제작, 정보 유통과 수용자 관계 변화로 구분했다(Sanchez-Garcia et al., 2023). 각 단계는 뉴스 조직이 기계 학습을 활용해 이야기 바이럴을 예측하고 시청자 소비 패턴을 모델링하며 웹사이트 구독으로 수익을 창출하는 데에 영향을 준다(Goyanes et al., 2023). 또한 AI 개인화 추천, 챗봇, 알고리듬은 ≪뉴욕타임스≫, ≪로이터≫, ≪차이나모닝포스트≫와 같은 주요 뉴스룸과 구글 뉴스, 야후 뉴스와 같은 뉴스 포털에서 사용됐다(Sanchez-Garcia et al., 2023). AI의 도입은 저널리즘의 본질과 기능을 근본적으로 변화시키고 있다. AI는 방대한 데이터 분석을 통해 기자들이 놓칠 수 있는 패턴과 트렌드를 발견하고, 이를 바탕으로 더욱 깊이 있는 취재 보도를 가능하게 한다.

또한 AI 기반의 자동화된 콘텐츠 생성 도구는 반복적이고 시간이 많이 소요되는 작업을 기자 대신에 처리함으로써 기자들이 더 창의적이고 심층적인 보도에 집중할 수 있게 한다. 특히 자연어 처리 · 생성 모델은 텍스트 기반의 뉴스나 영상 기반의 방송 뉴스 제작에 사용되고 있으며, 컴퓨터 그래픽과 이미지 처리 기술은 영화나 게임 산업에서 창의적인 작업을 돕고 있다. AI 챗봇과 가상 어시스턴트는 독자와의 실시간 상호 작용을 통해 맞춤형 뉴스를 제공하고, 독자의 피드백을 즉각적으로 반영하여 뉴스 품질 향상에 기여한다. AI와 저널리즘의 결합은 앞으로도 끊임없이 진화할 것이며, 이는 저널리즘의 미래를 밝게 하는 중요한 요소로 작용할 것이다.

AI를 사용한 미디어 콘텐츠 품질 개선

AI 발전으로 인해 개인의 취향과 문화적 맥락에 더욱 밀착된 미디어 콘텐츠가 제공되고 있다. 이는 이야기 전개, 시각적 스타일, 사운드트랙 등 미디어 경험의 모든 측면이 맞춤화된 개인화 엔터테인먼트의 새로운 시대로 이어질 수 있다. 이러한 기술 접근의 수월성으로 인해 콘텐츠 제작의 장벽이 낮아져, 창의성을 지닌 누구나가 전문가 수준의 미디어 콘텐츠를 제작할 수 있다. 창의성이란 새롭고 놀랍고 가치 있는 아이디어나 결과물을 생각해 내는 능력이며, AI 아트와 AI 생성 콘텐츠 등을 포함한다 (Sivakumaran, 2023). 이러한 변화는 미디어 소비 패턴에도 큰 영향을 미치고 있다. 소비자들은 자신의 취향에 맞는 맞춤형 콘텐츠를 더 쉽게 접할 수 있으며, 동시에 다양한 플랫폼에서 실시간으로 피드백을 제공함으로써 콘텐츠의 발전에 직접적인 역할을 하고 있다.

디지털 스토리텔링은 트랜스미디어 환경에서 새로운 미디어 콘텐츠의 핵심으로, 여러 플랫폼에서 다양한 포맷으로 스토리를 전달하는 능력을 말한다. 현재 순수 엔터테인먼트부터 에듀테인먼트, 교육, 디지털 사이니지, 광고에 이르기까지 다양한 서비스를 위한 몰입형 인터랙티브 디지털 스토리 제작에 주력하고 있다. 영화나 TV 제작에서 AI는 시청자의 취향에 따라 스토리를 개선하고, 시각 효과를 더욱 현실적으로 만들어 낸다. 디지털 스토리는 전통적인 스토리 구조처럼 하나의 선형적인 이야기에 국한되지 않고, 일련의 주요 캐릭터의 전개를 지원하는 맥락에 대한 세부 정보를 제공한다. 이러한 다양한 내러티브는 독립적으로 작동하며, 시청자와의 상호작용은 여러 전달 채널에 분산되어 있다(Sivakumaran, 2023). 제작 과정에서 AI는 기존의 이미지를 편집하거나 수정하여 새로운 영상 이미지를 만들어 낸다. AI 기반 자동 알고리듬은 전문가의 기술을 모방해 사용자에게 이미지 보정을 쉽게 할 수 있다(Yan et al., 2014). 음악 산업에서도 AI가 작곡을 돕고 새로운 음악을 발굴하는 데에 사용되고 있다. AI는 특정 스타일 또는 작곡가의 입력 데이터를 통해 작곡 패턴을 추출하고, 이러한 패턴에 맞는 새로운 악보를 생성한다(Briot & Pachet, 2017). 이를 통해 학습자가 가진 음악적 역량을 보완하여 내재한 상상력과 잠재력을 표현할 수 있도록 적극적으로 돕는다는 점에서 AI를 활용한 음악 창작 학습은 높은 수준의 흥미 유발뿐만 아니라, 그 자체로 음악 학습으로 연계되고 있다(이보림 · 신기호, 2023).

AI가 미디어 콘텐츠 제작에 미치는 주요 영향 중 하나는 일상적인 작업을 자동화해 제작자가 귀중한 시간과 자원을 절약할 수 있게 해 준다는 것이다. 주제 아이디어 생성부터 개인 맞춤형 콘텐츠 최적화까지, 이러한 도구는 효율성과 생산성을 높여 제작자가 더 스마트하게 작업할 수 있도록 한다. AI 기반 콘텐츠 제작 도구의 등장으로 제작 프로세스가 민주화되어 다양한 배경의 제작자들이 기술에 더 쉽게 접근하고 비용을 효율적으로 활용할 수 있게 되었다. AI는 노동 집약적인 작업을 자동화해 제작자가 짧은 시간에 더 많은 고품질의 콘텐츠를 생산할 수 있도록 지원한다.

AI와 미디어 소비자 경험

AI는 현대 사회에서 미디어 소비자 경험을 혁신적으로 변화시키고 있다. 여기서 미디어 소비자는 '디지털 미디어 구매, 월간 구독료 지불, 광고 지원 서비스 이용 등 금전적 거래를 통해 미디어 콘텐츠를 소비하는 개인'을 의미한다(Sivakumaran, 2023). 소비 가치 이론(theory of consumption values, TCV)은 이러한 소비자가 특정 제품이나 브랜드를 선택하는 이유와 방식을 설명하는 이론이다(Sheth et al., 1991). TCV는 소비자 선택과 행동에 영향을 미치는 기능적 가치, 사회적 가치, 감정적 가치, 조건적 가치, 그리고 인식적 가치 등의 다섯 가지 가치를 제시한다(Kaur et al., 2021). 이 이론을 통해 소비자들이 AI를 활용한 미디어 경험에서 어떤 가치를 추구하는지 분석할 수 있다.

AI의 큰 강점 중 하나는 데이터를 분석하여 개인화된 경험을 제공하는 능력이다. AI 알고리즘은 소비자의 시청 이력, 검색 기록, 선호도 등을 분석하여 각 소비자에게 맞춤형 콘텐츠를 추천한다. 개인화된 추천 시스템은 소비자가 원하는 콘텐츠를 더 쉽게 찾을 수 있도록 도와주어 소비자 만족도를 높인다. 이는 소비 가치 이론의 기능적 가치와 감정적 가치에 해당한다. 소비자는 효율적이고 만족스러운 미디어 경험을 통해 기능적 가치를 얻고, 자신에게 맞춤형으로 제공되는 콘텐츠를 통해 감정적 가치를 느낀다.

AI는 고객 서비스의 자동화에도 크게 기여하고 있다. 챗봇과 가상 비서는 24시간 고객 지원을 제공하여 소비자의 질문에 즉각적으로 응답할 수 있다. 이러한 AI 기반 고객 서비스는 간단한 문의 사항을 빠르게 해결할 수 있으며, 복잡한 문제는 인간 상담원에게 연결하여 처리 효율성을 높인다. 예를 들어, 스트리밍 서비스는 AI를 통해 사용자가 겪는 문제를 신속하게 해결하고, 개인화된 도움말을 제공하여 사용자 경험을 개선한다. 이는 소비 가치 이론의 조건적 가치에 해당한다. 소비자는 언제 어디서나 서비스를 받을 수 있는 편리함을 통해 조건적 가치를 얻는다.

AI는 마케팅 전략의 개인화와 최적화에도 중요한 역할을 한다. AI는 대규모 데이터를 분석하여 특정 소비자 그룹의 행동 패턴과 선호도를 파악할 수 있다. 이를 바탕으로 미디어 플랫폼은 더 효과적인 마케팅 캠페인을 설계하고 실행할 수 있다. 이는 소비 가치 이론의 사회적 가치와 인식적 가치에 해당한다. 소비자는 자신에게 맞춤형으로 제공되는 정보와 광고를 통해 사회적 가치를 느끼며, 새로운 정보와 지식을 얻는 과정을 통해 인식적 가치를 느낀다.

AI와의 협업을 통해 미디어 소비자 경험은 더욱 혁신적으로 변화하고 있다. 소셜 미디어 플랫폼에서는 AI 기반 알고리듬이 사용자의 선호도를 학습하여 맞춤형 콘텐츠를 제공한다. 이는 사용자 참여도를 높이고, 사용자와 플랫폼 간의 상호 작용을 촉진한다. 사용자들은 자신이 좋아하는 콘텐츠를 더 많이 접할 수 있게 되며, 이는 사용자의 플랫폼 이용 시간을 증가시키고, 만족도를 높이는 결과를 가져온다. 이러한 변화는 소비 가치 이론의 감정적 가치와 사회적 가치에 해당한다. 사용자는 자신이 좋아하는 콘텐츠를 쉽게 접할 수 있는 즐거움을 느끼고, 플랫폼 내에서 다른 사용자와의 상호 작용을 통해 사회적 가치를 느낀다. 이 과정에서 소비자는 자신의 데이터가 안전하게 보호되는 환경에서 서비스 받기를 원하며, 이는 소비자가 기업을 신뢰하고 지속해서 이용할 수 있는 사회적 가치를 높이는 결과를 가져온다. 앞으로 AI와의 협업을 통해 미디어 소비자 경험은 더욱 발전할 것이며, 소비자와 미디어 플랫폼 모두에게 새로운 기회를 제공할 것이다. 소비 가치 이론(TCV)을 통해 AI가 미디어 소비자 경험에 미치는 영향을 분석함으로써 기업은 소비자에게 더 나은 가치를 제공할 방안을 모색할 수 있다.

참고문헌

이보림·신기호(2023). 인공지능(AI)을 활용한 중등 음악창작 프로젝트 교수·학습 방안 연구. ≪음악교육공학≫, 55, 63-82쪽.

Briot, J. P., & Pachet, F.(2017). Music generation by deep learning: Challenges and directions. doi:10.48550/arXiv.1712.04371

Bucy, E. P., & Tao, C.-C.(2007). The mediated moderation model of interactivity. *Media. Psychology*, 9(3), pp.647-672.

de Lima-Santos, M. F., & Ceron, W.(2021). Artificial intelligence in news media: Current perceptions and future outlook. *Journalism and Media*, 3(1), pp.13-26.

Goyanes, M., et al.(2023). News distribution and sustainable journalism: Effects of social media news use and media skepticism on citizens. *Paying Behavior, Mass Communication and Society*, 26(5), pp.878-901.

Kaur, P., et al.(2021). The value proposition of food delivery apps from the perspective of theory of consumption value. *International Journal of Contemporary Hospitality Management*, 33(4), pp.1129-1159.

Sanchez-Garcia, P., et al.(2023). Spanish technological

development of artificial intelligence applied to journalism: Companies and tools for documentation, production, and distribution of information. *El Profesional de la Informacion*, 32(2). doi:10.3145/epi.2023.mar.08

Sheth, J. N., et al.(1991). Why we buy what we buy: A theory of consumption values. *Journal of Business Research*, 22(2), pp.159-170.

Sivakumaran, A.(2023). *Investigating consumer perception and speculative AI labels for creative AI usage in media.* Master's programme, Media Management, School of Electrical Engineering and Computer Science, Stockholm, SE.

Stray, J.(2019). Making artificial intelligence work for investigative journalism. *Digital Journalism*, 7(8), pp.1076-1097.

Yan, Z., et al.(2014), Automatic photo adjustment using deep neural networks. doi:10.48550/arXiv.1412.7725

04

AI 미디어 리터러시와 가짜 뉴스

AI 미디어 리터러시는 정보의 출처를 확인하고, 사실 여부를 판단하는 능력을 배양하여 미디어 환경에서의 책임 있는 소비를 촉진한다. AI를 통한 가짜 뉴스의 탐지는 공정하고 정확한 정보 전달을 보장함으로써, 사회적 신뢰와 정보의 질을 향상하는 가치를 지닌다.

AI와 사주?

가짜 뉴스의 개념

가짜 뉴스는 새로운 개념이 아니며 저널리즘 역사에서 항상 존재해 왔다(Tandoc & Kim, 2022). 그런데도 최근에 국내외적으로 심각한 문제가 되는 이유는 소셜 미디어의 확산과 디지털 기술의 융합으로 인한 영향력과 파급력에 있다. 즉, 디지털 미디어 생태계에서 파생된 전통 미디어의 재정적 붕괴, 디지털 환경의 즉시성, 부정한 목적으로 생성된 허위 정보와 그 빠른 유통, 감정적으로 치우친 담론의 증가, 그리고 소셜 미디어와 검색 엔진의 알고리듬이 창출하는 수익과 관련된 가짜 뉴스의 과대화 현상이 발생하고 있다(Bakir & McStay, 2018). 이는 저널리즘 신뢰의 위기로 이어지고 있고, 이러한 상황에서 저널리즘의 품질과 윤리 의식이 점점 더 중요해지고 있다.

가짜 뉴스라는 용어는 널리 쓰이지만, 학자들은 이를 명확히 정의하기 어렵다고 한다(Hobbs et al., 2018). 가짜 뉴스는 일반적으로 악의적인 의도로 뉴스 미디어를 통해 유포되는 허위 정보로 설명된다(Gelfert, 2018). 또한 가짜 뉴스는 의도적이고 검증할 수 없는 허위 정보로 정의되며, 독자를 오도할 수 있는 뉴스 기사로 이해된다(Allcott & Gentzkow, 2017). 게다가 가짜 뉴스의 범위에는 허위 · 조작 정보는 물론이고 찌라시 정보, 언론사 오보 등과 함께 정치적 편향성이 있는 뉴스도 함께 포함하는 경향이 나타나고 있다(양정애, 2019).

뉴스는 사실적이고 정확해야 하며, 흥미롭고 중요한 최신의 사건들을 다루어야 한다(Kershner, 2005). 또한 사회에 중대한 영향을 미치는 사건들을 설명해야 한다(Richardson, 2007). 뉴스는 새롭거나 주목할 만한 이슈를 극적으로 전달하며(Jamieson & Campbell, 1997), 독립적이고 신뢰할 수 있으며, 정확하고 포괄적인 정보를 제공할 것으로 기대된다(Kovach & Rosenstiel, 2014). 이러한 기준을 준수함으로써 시민들에게 자유와 자치에 필요한 정보를 제공한다. 그러나 가짜 뉴스는 정치적 또는 경제적 이익을 위해 만들어진다. 가짜 뉴스 제공자들은 자신의 견해를 강화하기 위해 허위 정보를 만들어 내고, 신뢰를 훼손한다. 더 나아가 터무니없는 가짜 뉴스는 입소문을 타며, 콘텐츠 제작자들에게 광고 수익을 올릴 수 있는 클릭 수를 증가시킨다.

가짜 뉴스라는 용어는 현재 하나의 용어로 다뤄지지만, 초기 연구들은 이를 뉴스 패러디, 정치 풍자, 광고, 선전과 같은 다른 유형의 콘텐츠와 연관시키고 별도의 유형으로 정의해 왔다(Tandoc et al., 2018). 이들 콘텐츠는 서로 다른 목적과 형태를 가지고 있지만, 가짜 뉴스는 실제 뉴스와 유사하게 보이려는 노력을 통해 웹사이트의 디자인부터 기사의 작성 방식, 출처 표시 방식까지 실제 뉴스와 유사한 외형을 취한다. 그러나 뉴스는 사실과 진실을 기반으로 하는 것이 원칙이다. 이에 따라 '가짜 뉴스'라는 용어는 모순적으로 여겨질 수 있다. 유네스코(UNESCO, 2018)는 가짜 뉴스라는 용어가 모호하고 개념적으로 불명확하므로 사용을 권장하지 않으며, 대신 허위 정보(dis-information: 개인, 사회 집단, 조직 또는 국가에 해를 끼치려고 의도적으로 만들어진 정보), 오보(mis-information: 허위 정보지만 해를 끼칠 의도가 없는 정보), 악성 정보(mal-information: 사실에 기반하나 개인, 사회 집단, 조직 또는 국가에 해를 입히기 위해 사용되는 정보)로 구분한다. 이는 의도적으로 만들어진 허위 정보와 실수로 발생한 잘못된 정보를 명확히 나누어 구별하는 것이다. 유네스코는 가짜 뉴스라는 용어가 디지털 시대에 언론의 자유를 제한하거나 규제하는 데 사용될 때 더 큰 문제를 초래할 수 있다고 지적했다. 권력자들이 원치 않는 정보를 약화하고 언론을 통제하는 수단으로 사용될 수 있다는 일종의 경고다. 따라서 유네스코는 규제의 대상을 허위 정보와 오보로 두고 이에 대해 주의를 촉구했다.

가짜 뉴스가 인권에 미치는 심각한 영향으로 인해 방치할 수도 없지만, 언론 출판의 자유와 같은 기본적 인권을 억압하는 등 다른 인권 문제를 과도하게 규제하는 것 사이에 딜레마가 존재한다. 언론 출판의 자유는 민주주의 정치 질서에서 불가결의 본질적 요소이며, 공론장(public sphere)의 활성화를 위해서는 어떠한 생각, 사상, 의견도 통제되지 않은 채 활발하게 제시될 수 있어야 한다(박종현, 2022). 따라서 누가 어떤 내용을 가짜 뉴스로 규정할 것인가, 즉 가짜 뉴스의 존재를 어떻게 정의할 것인가에 대한 본질적인 질문을 던져야 한다. 이는 규제가 필요한 가짜 뉴스의 속성과 범주, 종류를 규정하는 것부터, 누가 규제를 담당해야 하는지, 규제 당사자가 자신에게 사회 정치적으로 유리한 가짜 뉴스에 대해 무임승차권을 발급하는 것은 아닌지, 법적 · 제도적 규제의 수준과 성격은 어떠해야 하는지, 의도적인 행위와 무고(無辜)하게 된 경우를 어떻게 구별하는지, 그리고 결과에 따른 사회적 책임을 누가 져야 하는지 등 해결책을 찾기 위한 논의가 깊고 다양한 영역을 아우르고 있음을 의미한다.

전통적 의미에서 뉴스는 언론인들이 만들어 내지만, 가짜 뉴스의 소비자는 시민이기 때문에 그들이 가짜 뉴스를 진짜로 여기느냐에 따라 상황이 크게 달라진다. 그러므로 효과적인 해결책을 찾기 위해서는 시민들의 의견과 경험을 반영하는 것이 중요하다. 시민들로서는 뉴스가 조작되거나 왜곡되는 의도가 무엇인지, 무엇이 사실인지 허구인지, 그리고 어떤 맥락에서 전달되는지를 파악하고, 이에 민감하게 반응하며, 조율하는 방식에 주목해야 한다(Carr et al., 2020). 이러한 문제는 새로운 것이 아니며, 많은 논의가 뉴스 소비자에 초점을 맞추고 있다. 예컨대, 확증 편향(Ecker et al., 2014), 선택적 노출. 주목, 지각, 그리고 선택적 기억(del Vicario et al., 2016), 의제 설정(Vargo et al., 2018)과 같은 전통적 커뮤니케이션 · 미디어 이론을 활용하여 가짜 뉴스의 확산을 설명하는 논의가 진행되고 있다. 또한 뉴스 소비자들의 선택적 노출로 특정 정보만 편식하는 에코 체임버(echo chamber)와 필터 버블(filter bubble)(Pariser, 2011; Wardle & Derakhshan, 2017)에 어떻게 영향을 미치는지에 대한 새로운 이론도 고려해야 한다. 이러한 요소들은 사고의 편향을 고착하는 확증 편향과 호모필리(homophily) 같은 집단 사고와 연관성이 높으며, 복잡한 미디어 환경에서 논의되고 있는 측면이다.

가짜 뉴스 문제는 표현의 자유를 보장하는 것과 타인의

권리를 보호하며 이 둘 사이의 균형을 맞추는 데에 있다. 존 스튜어트 밀의 1859년 저작 『자유론(On Liberty)』에서 기원을 찾을 수 있는 사상의 자유는 유해하든 유해하지 않든 모든 종류의 표현이 우선시돼야 한다고 주장한다. 각 개인의 자아실현을 위해 사람들은 정부의 검열로부터 자유롭게 모든 생각을 표현할 권리를 보장받아야 하며, 정부는 표현을 제한할 권한이 없다는 것이다. 그런 의미에서 가짜 뉴스는 인간 자유의 사회를 위해 우리가 지급하는 대가의 일부로 볼 수 있다(Waldman, 2018). 민주주의 사회에서 수많은 사상과 표현에서 최고를 결정하는 유일한 방법은 그 신념, 생각, 사상이 자유롭게 경쟁하고 채택되게 하는 것이다. 이는 표현의 자유를 절대적으로 보장하고 있는 헌법 국가에서 그 정당성을 인정받는다.

다른 한편으로는 타인의 권리를 보호하기 위해 표현의 자유를 어느 정도 제한해야 한다는 주장도 있다. 정부는 이를 위해 표현의 자유를 제한할 수 있지만, 그 제한은 법률에 근거하고 정당한 목적을 가지며, 민주 사회에서 필요한 경우여야 한다. 따라서 허위 정보를 담은 가짜 뉴스에 대한 제한은 이러한 요건을 모두 충족할 때 적용될 수 있다. 이에 따라 사전 규제는 표현의 자유를 심각하게 제한할 수 있으므로, 사후 규제에 대한 사회적 논의가 필요해 보인다.

AI 기반 가짜 뉴스의 제작·확산 방식

AI의 발전으로 미디어 리터러시가 더욱 중요해지고 있는 요즘, 우리는 어떻게 가짜 뉴스와 신뢰할 수 있는 정보를 구분할 수 있을까? AI의 발전은 정보 생산과 소비 방식에 혁신을 가져왔다. 하지만 그런 동시에 가짜 뉴스 제작 및 확산의 용이성을 높여 새로운 사회적 문제로 등장했다. AI를 활용한 가짜 뉴스는 진짜 뉴스와 구별하기 어려울 정도로 정교하게 제작될 수 있으며, 딥페이크 기술과 같은 새로운 도구는 더욱 현실적인 가짜 정보를 만들어 낼 수 있다. 이젠 유명 연예인을 사칭하거나 KBS, MBC, SBS 등 지상파 방송 뉴스 화면을 도용해 가짜 사이트나 언론사 기사를 제작하는 방식으로 피싱 범죄에 악용하고 있다. 이제는 우리가 믿을 수 있는 정보를 식별하고 평가하는 능력이 필수적이다. 특히 AI의 활용이 증가함에 따라 우리는 AI 미디어 리터러시에 대한 이해와 인식을 갖춰야 한다.

AI 기반 가짜 뉴스의 제작 · 확산 방식은 몇 가지 주요 단계로 이뤄진다. 이 과정은 AI의 발전과 함께 점점 더 정교해지고 있으며, 가짜 뉴스가 더욱 설득력 있고 널리 퍼질 수 있게 만든다.

AI를 사용한 가짜 뉴스 제작은 방대한 데이터 수집과 분석에서 시작된다. 뉴스 기사, 소셜 미디어 게시물, 블로그 포스트, 사진과 비디오 등 다양한 출처에서 데이터를 수집한다. AI 모델은 이러한 데이터를 분석하여 현재 트렌드, 대중의 관심사, 특정 주제에 대한 감정 등을 파악한다. 수집된 데이터를 바탕으로 자연어 처리(NLP) 기술을 활용한 언어 생성 모델은 가짜 뉴스 기사를 작성한다. 이 모델은 실제 뉴스 기사와 매우 유사한 문체와 구조를 가지도록 학습돼 있어, 생성된 가짜 뉴스는 매우 그럴듯하게 보인다. 텍스트뿐만 아니라 AI 기반의 이미지 생성 기술도 활용돼 가짜 사진이나 영상이 함께 만들어진다. 가짜 뉴스의 신뢰성을 높이기 위해 AI는 유명 인물이나 기관의 이름을 도용하거나, 실제 뉴스와 혼합된 반쯤 진실인 내용을 포함하기도 한다. 또한 잘 알려진 포털 사이트나 언론사 뉴스 페이지, 소셜 미디어 계정을 모방한 가짜 계정을 만들어 뉴스의 신뢰성을 높인다.

생성된 가짜 뉴스는 다양한 플랫폼을 통해 배포된다. 소셜 미디어, 유튜브, 블로그 등 온라인 플랫폼에서 빠르게 확산할 수 있도록 전략적으로 배포된다. 이러한 가짜 뉴스는 알고리듬에 의해 추천되거나 검색 결과 상위에 노출되어 더 많은 사람이 접하게 된다. 또한 봇 네트워크가 동원돼 게시물의 좋아요, 공유, 댓글 등을 통해 노출을 극대화하고, 이를 통해 가짜 뉴스가 더욱 많은 사람에게 도달할 수 있도록 한다.

AI는 가짜 뉴스의 확산과 영향을 모니터링하고 분석한다. 어떤 콘텐츠가 더 많은 사람에게 영향을 미치는지, 어떤 가짜 뉴스가 더 잘 퍼지는지 분석한다. 이로 인해 가짜 뉴스는 점점 더 정교해지며, 더욱 쉽게 확산할 수 있도록 진화한다. AI 기반 가짜 뉴스는 고도화된 데이터 분석과 콘텐츠 생성 기술을 활용한다. 전략적 배포와 모니터링 시스템도 포함된다. 이에 따라 가짜 뉴스는 더욱 그럴듯해지며 빠르게 확산한다. 이러한 현상은 사회적 혼란을 초래할 수 있으므로, 가짜 뉴스의 위험성을 인식하고 이를 방지할 수 있는 효과적인 대책을 마련하는 것이 시급하다.

진짜와 가짜 뉴스를 구분하는 방법

가짜 뉴스의 위험성에 대한 인식이 높아짐에 따라 이를 방지하기 위한 노력과 기술적 방어책이 중요해지고 있다. 원숙경과 강주현(2023)은 부산에 있는 3개 고등학교에서 미디어 리터러시 교육과 팩트체크 모둠 활동을 진행한 결과, 학생들이 가짜 뉴스와 오보가 다르다는 점을 알고, 정보의 출처와 맥락을 이해하고 비판적 분석 능력으로 제대로 된 정보를 판단할 수 있었다고 평가했다.

이렇게 하기 위해서는 우선 뉴스의 출처와 인용을 확인해야 한다. 기사가 다른 신뢰할 수 있는 출처를 인용하고 있는지를 확인한다. 신뢰할 수 있는 출처에서 인용된 내용이라면 그 신뢰도가 높아진다. 인용된 출처나 자료에 원문 링크가 제공되는지 확인한다. 원문 링크가 없다면 신뢰성을 의심해 볼 필요가 있다. 특히 알 수 없는 뉴스 사이트나 소셜 미디어에서 나온 정보는 조심해야 한다.

이를 위해 비정상적인 URL(uniform resource locator)인지를 확인할 필요가 있다. URL은 웹사이트의 주소를 의미하며, 신뢰할 수 있는 사이트인지 아닌지를 판단하는 데에 유용한 단서를 제공할 수 있다. URL의 도메인 이름이 신뢰할 수 있는 뉴스 사이트의 도메인과 정확히 일치하는지 확인한다. 유사하지만 다른 도메인을 사용할 수 있다. 또한 com, org, net 같은 일반적인 확장자 대신 com.co, biz, info 등의 비정상적인 확장자를 사용하는지 확인한다. 신뢰할 수 있는 사이트는 공식 도메인을 사용한다. 사이트의 외관과 배열 구성을 확인할 필요도 있다.

이미지와 영상 검증의 중요성이 증가하는 주요 이유 중 하나는 생성형 AI의 발전 때문이다. 생성형 AI는 매우 정교한 가짜 이미지와 영상을 제작하며, 이러한 기술이 가짜 뉴스의 새로운 수단으로 활용되고 있다. 가짜 뉴스에서 사용되는 이미지와 영상은 사실 확인을 통해 그 진위를 검증할 수 있다. 우선 이미지 검증을 위해 구글 이미지 검색에 이미지를 올리거나 이미지 URL을 입력하여 해당 이미지가 인터넷상에서 어디에서 사용되었는지 확인한다. 이 방법으로 이미지가 원래 어떤 맥락에서 사용됐는지 알 수 있다. 이 방법 외에도 촬영 일자, 장소, 카메라 정보 등의 이미지 파일에 저장된 메타데이터를 확인하거나 포토 포렌식 도구를 사용하여 이미지의 조작 여부를 확인할 수 있다. 영상 검증을 위해서는 프레임 단위로 영상을 분석하여 조작된 흔적을 찾는다. 영상 편집 소프트웨어를 사용하여 프레임을 검토하면, 일관성 없는 부분이나 비정상적인 움직임을 발견할 수 있다.

팩트체크 웹사이트와 협력하여 뉴스와 정보의 사실 여부를 검증하기도 한다. 팩트체크 사이트는 가짜 뉴스를 식별하고 진실을 밝히는 데에 매우 유용한 도구다. 이러한 사이트들은 독립적이고 공정한 방식으로 뉴스와 정보를 검증하여 그 신뢰성을 평가한다. 어떤 출처를 사용하여 검증했는지 확인할 필요가 있으며, 신뢰할 수 있는 출처를 바탕으로 한 검증 결과는 신뢰성이 높다.

사실과 의견을 구분하는 것은 가짜 뉴스를 식별하고 신뢰할 수 있는 정보를 찾는 데에 매우 중요하다. 여기서 사실이란 검증할 수 있는 객관적인 정보를 뜻하지만, 의견은 개인의 주관적인 견해 · 감정 · 믿음 · 해석을 일컫는다. 또, 뉴스를 소비할 때 비판적으로 생각하고, 다양한 출처나 뉴스원을 참고해 정보를 확인하는 습관을 기르는 것이 중요하다. 이러한 지침을 따르면 가짜 뉴스를 더 잘 식별하고, 신뢰할 수 있는 정보를 찾는 데에 도움이 된다.

참고문헌

박종현(2022). 표현의 자유와 명예훼손 논의에서 '사실'과 '의견'의 구별론에 대한 검토: 미국과 한국의 판례에 대한 검토를 중심으로. ≪언론과법≫, 21(3), 1-48쪽.

양정애(2019). 일반 시민들이 생각하는 '뉴스'와 '가짜 뉴스'. ≪미디어이슈≫, 5(1), 1-15쪽.

원숙경·강주현(2023). AI 시대 시민교양교육으로서 미디어리터러시 교육의 실제와 방향성 탐색. ≪교양교육실천연구≫, 7(2), 127-142쪽.

Allcott, H., & Gentzkow, M.(2017). Social media and fake news in the 2016 Election. *Journal of Economic Perspectives*, 31(2), pp.211–236.

Bakir, V., & McStay, A.(2018). Fake news and the economy of emotions. *Digital Journalism*, 6(2), pp.154–175.

Carr, P. R., et al.(2020). Citizen engagement in the contemporary era of fake news: Hegemonic distraction or control of the social media context?. *Postdigital Science and Education*, 2(1), pp.39–60.

del Vicario, M., et al.(2016). The spreading of misinformation online. *PNAS Proceedings of the National Academy of Sciences of the United States of America*, 113(3), pp.554–559.

Ecker, U., et al.(2014). Do people keep believing because they want to? Preexisting attitudes and the continued influence of misinformation. *Memory & Cognition*, 42, pp.292–304.

Gelfert, A.(2018). Fake news: A definition. *Informal Logic*, 38, pp.84–117.

Hobbs, R., et al.(2018). Using virtual exchange to advance media literacy competencies through analysis of contemporary propaganda. *Journal of Media Literacy Education*, 10(2), pp.152–168.

Jamieson, K., H., & Campbell. K., K.(1997). *The interplay of influence: News, advertising, politics and the mass media.* Wadsworth.

Kershner, J. W.(2005). *The elements of news writing.* Pearson Allyn and Bacon.

Kovach, B. & Rosenstiel, T.(2014). The elements of journalism: What newspeople should know and the public should expect

(3rd rev. ed.). New York: Three Rivers Press.

Pariser, E.(2011). *The filter bubble: How the new personalized web is changing what we read and how we think*. Penguin Books.

Richardson, B.(2007). *The process of writing news: From information to story*. Pearson.

Tandoc, E. C., & Kim, H. K.(2022). Avoiding real news, believing in fake news? Investigating pathways from information overload to misbelief. *Journalism*, 24(6), pp.1174–1192.

Tandoc, E. C., et al.(2018). Defining "fake news": A typology of scholarly definitions. *Digital Journalism*, 6, pp.137–153.

UNESCO(2018). *Journalism, fake news & disinformation: A handbook for journalism education and training*. https://unesdoc.unesco.org/ark:/48223/pf0000265552

Vargo, C. J., et al.(2018). The agenda-setting power of fake news: A big data analysis of the online media landscape from 2014 to 2016. *New Media & Society*, 20(5), pp.2028–2049.

Waldman, A. E.(2018). The marketplace of fake news. *University of Pennsylvania Journal of Constitutional Law*, 20(4), pp.845–870.

Wardle, C. & Derakhshan, H.(2017). Information disorder: Toward an interdisciplinary framework for research and policymaking. Council of Europe.

05
AI의 그림자

AI의 그림자는 윤리적, 사회적, 문화적인 문제에 초점을 맞춰 AI가 일으키는 부정적 영향과 잠재적 위험을 의미한다. AI 환각 효과, 딥페이크 혼란, 의사 결정 과정에서 발생하는 알고리듬 편향과 차별성, 정보 다양성 침해, 개인정보 보호 문제 등을 탐구하며, AI가 인간의 불평등과 창의성 저하, 일자리와 사회적 구조에 미치는 영향 같은 문제를 포함한다.

AI와 아이돌?

AI의 환각 효과

AI의 환각 효과(hallucination effect)는 AI가 실제로 존재하지 않거나 정확하지 않은 정보를 생성하는 현상을 의미한다. 이는 GPT-4o, 코파일럿, 제미나이, 클로드3와 같은 대규모 생성형 자연어 처리(LLP) 모델에서 자주 발생한다. 환각 효과의 주요 원인은 AI 모델이 훈련된 데이터에 의존해 학습하기 때문이다. 이 데이터에 오류가 포함되거나 불완전하면 AI는 잘못된 정보를 학습할 수 있다. 또한 특정 주제에 대한 충분한 데이터가 없으면 AI는 빈틈을 메우기 위해, 그럴듯해 보이지만 사실이 아닌 가상의 정보를 생성할 가능성이 크다.

환각 효과로는 가짜 인용, 사실 왜곡, 긍정적 메시지 전달, 창의적 이야기 등이 있다. 가짜 인용은 AI가 실제로 존재하지 않는 출처나 저자의 인용을 생성하는 경우로, 존재하지 않는 연구나 책을 인용할 때 발생한다. 사실 왜곡은 AI가 잘못된 사실을 제시하는 경우를 말하며, 역사적 사건의 날짜를 잘못 언급하거나 인물의 이름을 혼동하는 상황이 포함된다. 긍정적 메시지 전달은 AI가 훈련 과정에서 긍정적인 응답을 생성하도록 학습된 결과일 가능성이 크다. 이는 많은 훈련 데이터 세트가 사용자 만족을 높이기 위해 긍정적인 상호 작용을 중시하는 경향이 있기 때문이다. 창의적 이야기는 AI가 실제로 존재하지 않는 사건이나 상황을 만들어 내는 경우로, 가상의 인터뷰나 사건을 상세하게 기술할 때 발생할 수 있다. 이 때문에 사용자가 AI 시스템의 결과를 지나치게 신뢰해서는 안 된다. AI가 생성한 정보를 사용할 때는 반드시 사실 여부를 확인하고, 필요시 추가적인 검증 과정을 거치는 것이 중요하다.

딥페이크 혼란

AI의 발전으로 인해 가짜 뉴스의 한 형태로 볼 수 있는 딥페이크 현상이 발생하고 있다. 딥페이크는 인터넷의 방대한 시각적 데이터 세트와 진화하는 기계 학습 기술을 기반으로 만들어진 합성 미디어의 일종으로, 새로운 형태의 정보 피해와 이미지 기반의 악용 가능성을 가지고 있다(McCosker, 2024). 기계 학습과 딥러닝을 통해 원본 이미지나 동영상에 기존 이미지와 영상을 결합하고 중첩할 수 있는 AI 기술인 딥페이크를 사용하여 인물의 얼굴을 대체하는 등, 그럴듯하지만 진짜가 아닌 가짜 콘텐츠를 만든다. 텍스트, 음성, 동영상, 이미지 등 다양한 형태로, 놀랍도록 진짜 같고 사실적으로 보이지만 실제로는 그렇지 않다.

특히 딥페이크 제작에 필요한 기술적 도구가 많으므로 누구나 쉽게 콘텐츠를 제작하고 온라인에 유통할 수 있다. 이러한 기술은 디지털 미디어를 재편할 잠재력을 가지고 있지만, 결국 진실이라고 믿는 것에 대한 대중의 신뢰를 훼손하기 때문에 사회적 영향도 심각할 수 있다. 이를 통해 뉴스 조작, 선동, 선거 개입으로 공신력 있는 정보에 대한 신뢰를 저해할 수 있다(원숙경 · 강주현, 2023). 딥페이크 기술이 가지고 있는 부정적인 영향을 최소화하면서도 긍정적인 잠재력을 최대한 활용하는 것이 앞으로의 중요한 과제가 될 것이다.

알고리듬 편향과 차별성

AI 편향성은 심각하면서 즉각적으로 해결해야 할 과제이다. AI는 우리 삶의 다양한 분야에서 활용되고 있지만 AI는 데이터 · 알고리듬 · 개발자 · 의사 결정의 편향성 문제를 가지고 있다. 이는 심각한 사회적 문제로 다가올 수 있다. 먼저 데이터 편향(data bias)이다. AI 시스템은 훈련 데이터가 인구 통계학적 특성을 충분히 대표하지 못하는 일부 집단에 부정확한 결정을 내릴 수 있으며, 과거 데이터를 기반으로 학습하면 사회적 편견을 반영할 수 있다. 또한 학습 데이터를 기반으로 알고리듬 설계와 구현이 이뤄지고 작동하기 때문에 알고리듬 편향(algorithmic bias)을 갖고 있다. 만약에 알고리듬이 특정 패턴을 과도하게 중시하거나 반대로 무시하는 편향이 존재한다면, AI 시스템도 그 편향을 고스란히 반영한다(Gebru, 2019).

AI 시스템 개발자의 주관적인 판단이나 편견이 AI 시스템에 반영될 수 있다. 이를 개발자 편향(developer bias)이라고 할 수 있는데 개발자의 개인적인 신념, 배경, 경험 등이 AI 시스템에 반영될 때 발생하는 편향이다. 개발자가 특정 문화나 사회적 배경을 이해하지 못하면, 그 배경을 가진 사용자들에게 불리한 시스템을 설계할 가능성이 있다. 의사 결정 편향(decision-making bias)은 AI 시스템이 특정 결정이나 예측을 내릴 때 발생하는 편향이다. 이로 인해 시스템이 특정 집단에 불리하거나 유리한 결정을 내릴 때 나타날 수 있다. 특정 집단에 대한 편견이 AI 시스템에 반영되면, 해당 집단에 대한 사회적 차별을 더욱 심화시킬 수 있다. 이는 AI 시스템의 사회적 수용을 저해할 수 있다. 편향성 문제를 해결하기 위해서는 더 다양하고 포괄적인 데이터 수집, 알고리듬의 투명성과 설명 가능성 강화, 편향을 식별하고 수정할 수 있는 도구의 개발, 그리고 사용자 교육과 인식 제고가 필요하다.

필터 버블과 정보 다양성 침해

AI 알고리듬 추천 시스템을 통해 미디어 소비의 개인화를 촉진할 수 있다. 이러한 시스템은 암묵적 또는 명시적 피드백을 기반으로 개인의 경험을 맞춤화하여, 사용자가 접하는 정보의 범위를 형성한다(Milano et al., 2020). 알고리듬 추천 시스템은 사용자가 관심 있는 정보를 쉽게 접하거나 선호도에 맞춘 콘텐츠를 선택하는 데에 도움을 주지만, 동시에 다양한 의견과 관점에 노출되지 않을 우려가 있다.

이러한 알고리듬 추천은 필터 버블을 만들어 사용자도 모르게 다양한 관점을 차단하는 경우가 많아 정보의 다양성을 훼손하고 사용자의 시각을 제한할 수 있다(Geschke et al., 2019). 정보 다양성 침해는 알고리듬 추천 시스템의 부작용 중 하나로, 사용자가 특정 유형의 정보에만 노출되도록 하여 자신의 기존 신념과 일치하는 정보만을 접하게 될 수 있다. 이에 따라 비슷한 생각을 하는 사람들끼리만 대화하고 서로의 의견을 강화하는 에코 체임버와 유사한 배경이나 신념을 가진 사람들끼리 연결되는 호모필리도 강해져 사용자들이 더욱 편협한 시각을 가지게 만들 수 있으며, 사회적 대화를 단절시키고 양극화를 심화시킬 위험이 있다. 따라서 알고리듬 추천 시스템의 장점을 최대한 활용하면서도 필터 버블의 부작용을 최소화하는 방안이 필요하다.

개인 정보 보호 위협

사용자에게 제공되는 콘텐츠의 범위가 너무 넓으면 자동화된 추천 시스템이 필요하다. 이러한 시스템은 사람들이 유튜브나 OTT에서 재미있는 영화를 찾고, 목표 광고를 통해 매출을 늘리며, 소셜 미디어에서 새로운 친구를 만나는 데에 도움을 준다. 이를 통해 사용자에게 개인화된 관련 항목을 제공할 수 있다. 정확한 개인 맞춤형 추천을 생성하기 위해 추천 시스템은 사용자의 선호도에 따라 평점, 소비 이력, 프로필 등의 개인 데이터를 사용한다. 그러나 개인 데이터의 수집과 보존, 판매 · 처리와 관련된 개인 정보 보호 위험은 종종 과소평가되거나 무시된다. 개인 정보 보호(privacy)는 사용자의 개인 정보를 존중하고 보호하는 것을 의미한다. AI 시스템이 개인 정보를 수집하거나 사용할 때, 그리고 이를 공유 · 보관 · 삭제할 때는 개인 정보 처리를 위한 합법적인 목적과 유효한 법적 근거에 기반해야 한다(UNESCO, 2022).

AI 개발자와 기술 기업은 개인 정보 보호를 최우선 과제로 삼아야 한다. 사용자 데이터를 안전하게 관리하고 보호하기 위해 강력한 보안 조치를 구현해야 한다. 또한 사용자에게 데이터 수집 · 사용에 대해 명확히 알 수 있도록 투명성을 유지해야 한다. 이러한 노력이 뒷받침될 때 AI 추천 시스템은 사용자에게 가치 있는 경험을 제공하면서도 개인 정보 보호에 대한 신뢰를 구축할 수 있다.

AI 기술 격차 확대

학자들은 일반적으로 학력 차이로 인해 기술과 시민역량에 대한 격차가 존재하며, 이는 청소년기에 굳어진다고 동의한다(Geers et al., 2020). 베이비붐 세대, X세대, 밀레니얼(M) 세대, Z세대, 알파(α) 세대 간에는 교육 선호도, 학습 스타일, 기술 사용, 커뮤니케이션 방법 등 여러 측면에서 상당한 차이가 있다. 이러한 세대별 차이는 각 세대의 성장과 발달에 영향을 미친 뚜렷한 역사적 사건, 경제적 불안정, 사회적 경험, 기술 발전에 기인할 수 있다(Hernandez-de-Menendez et al., 2020; Wiedmer, 2015). 특히 AI에 대해 Z세대 설문 참가자들은 생산성 향상, 효율성 증대, 개인 맞춤형 학습 등 AI의 잠재적 이점에 대해 대체로 낙관적으로 평가하고 있으며, 다양한 교육 목적으로 AI를 사용할 의사가 있음을 밝혔다. 반면에 X세대, 밀레니얼 세대 들은 AI의 잠재적 이점을 인정하면서도 과도한 의존, 윤리적 문제, 교육적 영향에 대한 우려가 높다. 이들은 책임감 있는 기술 사용을 위한 적절한 지침과 정책의 필요성을 강조하고 있다(Chan & Lee, 2023).

이러한 차이는 세대 간의 경험과 가치관의 차이에서 비롯될 수 있다. Z세대는 디지털 네이티브로서 기술과 함께 성장했기 때문에 AI와 같은 새로운 기술에 대해 더 개방적이고 적응력이 뛰어나지만, X세대는 비교적 아날로그 환경에서 자라났기 때문에 새로운 기술에 대해 신중한 접근을 취하는 경향이 있다. 따라서 세대 간의 이러한 차이를 이해하고 존중하는 것은 매우 중요하다. 교육 정책 및 기술 도입 시 각 세대의 특성과 요구를 반영한 맞춤형 접근이 필요하다.

과도한 의존에 따른 창의성 저하

우리는 AI가 어떻게 작동하는지 이해할 뿐만 아니라, AI가 어떻게 작동하기를 원하는지 창의적으로 생각할 수 있어야 한다. 컴퓨팅 사고와 AI 교육에서 문제 해결을 위한 창의적 사고 능력을 키우는 것이 더욱 중요해졌다. 창의성은 새로운 아이디어를 창출하고 다양한 주제와 가치를 강조하며 문제 해결을 촉진하는 능력으로 정의된다(Boden, 2004). 창의성은 미적, 사회적, 과학적, 경제적 등 다양한 유형의 가치와 연관되기 때문에, 이를 과정이자 결과물로 간주한다(Mazzone & Elgammal, 2019). 그러나 AI에 과도하게 의존하면 창의성이 저하될 수 있다는 우려가 있다. AI는 방대한 데이터를 바탕으로 문제를 해결하는 데에 뛰어난 능력을 보이지만, 이는 기존 학습 데이터에 기반한 알고리듬에 의존한다. 따라서 AI에 지나치게 의존하면 인간의 창의적 사고를 억제하고, 참신하고 혁신적인 아이디어를 도출하는 능력이 감소할 수 있다. 창의적 사고는 다양한 경험과 독창적인 사고 과정에서 비롯되며, AI가 대신할 수 없는 인간만의 고유한 능력이다.

이는 교육 현장에서 특히 우려되는 부분이다. 학생들이 AI 도구를 사용하는 데에 익숙해지면서 스스로 사고하고 문제를 해결하는 능력을 기르지 못할 위험이 있다. 따라서 AI를 도구로 활용하되, 인간의 창의성을 극대화할 수 있는 방식으로 사용해야 한다. 컴퓨팅 사고와 AI 교육에서 창의적 사고를 촉진할 방법을 적극적으로 모색하며, 학생들이 스스로 문제를 해결하고 새로운 아이디어를 도출할 수 있는 경험을 제공해야 한다.

일자리 손실

AI의 발전은 수백만 개의 일자리를 빼앗고 일부 직종의 노동력을 붕괴시킬 것이라는 우려를 불러오고 있다(Agarwal, 2018). AI 자동화로 인해 기계가 인간과 같은 능력을 발휘하면서 기술이 경제를 주도하고 있음에 따라 일부 일자리가 사라지고 새로운 일자리 창출 속도는 더디어 고용 불안이 심화하고 있다(Ernst et al., 2018). AI의 발전, 세계화, 아웃소싱의 보편화 등은 특정 기술에 대한 수요를 근본적으로 변화시켰다. 최근 평가에 따르면 AI는 노동 시장에 큰 변화를 일으킬 것으로 보인다. AI는 금융, 안보, 사법, 교통, 의료, 스마트 시티와 같은 중요한 부분에 배치되면서 미래 경제에 필요한 현실을 만들어 가고 있다(West & Allen, 2018.4.24). 확실한 한 가지는 AI가 일자리의 본질을 근본적으로 뒤흔들 수는 있지만, 새로운 일자리를 채우는 데 필요한 창의성, 문제 해결 능력, 인간 협업 같은 역량을 아직 충분히 갖추지 못했다는 점이다.

과거에 중요했던 많은 기술이 자동화되고 있으며, AI가 점점 더 많이 사용됨에 따라 많은 직업과 직종이 쓸모없어지거나 변화할 것이다. 동시에 AI 활용 능력을 갖춘 인력에 대한 수요는 급증하고 있다. AI는 이미 인간의 능력을 뛰어넘고 있으며, 이러한 상황은 미래의 노동 시장과 경제 구조에 큰 변화를 불러올 것이다. 따라서 AI의 발전이 가져오는 경제적 이익을 공정하게 분배하고, 노동 시장의 불안정을 최소화하기 위한 정책적 노력이 필요하다. 사회 전반의 교육 시스템을 개선하여 AI를 습득하는 기회를 확대하고, 변화하는 산업 환경에 맞춘 직업 재교육 프로그램을 마련하는 것이 중요하다.

참고문헌

원숙경·강주현(2023). AI 시대 시민교양교육으로서 미디어리터러시 교육의 실제와 방향성 탐색. ≪교양교육실천연구≫, 7(2), 127-142쪽.

Agarwal, P. K.(2018). Public administration challenges in the world of AI and bots. *Public Administration Review*, 78(6), pp.917-921.

Boden, M.(2004). *The creative mind: Myths and mechanisms* (2nd ed.). Routledge.

Chan, C. K., & Lee, K. K.(2023). The AI generation gap: Are Gen Z students more interested in adopting generative AI such as ChatGPT in teaching and learning than their Gen X and Millennial Generation teachers?. doi:10.48550/arXiv.2305.02878

Ernst, E., et al.(2018). *The economics of artificial intelligence: Implications for the future of work* (ILO Future of Work Research Paper Series 5).

Gebru, T.(2019). *Oxford handbook on AI ethics book chapter on race and gender.* doi:10.48550/arXiv.1908.06165

Geers, S., et al.(2020). Bridging the gap? The impact of a media literacy educational intervention on news media literacy, political knowledge, political efficacy among lower-educated youth. *Journal of Media Literacy Education*, 12(2), pp.41-53.

Geschke, D., et al.(2019). The triple-filter bubble: Using agent-based modelling to test a meta-theoretical framework for the emergence of filter bubbles and echo chambers. *British Journal of Social Psychology*, 58(1), pp.129-149.

Hernandez-de-Menendez, M., et al.(2020). Educational experiences with Generation Z. *International Journal on Interactive Design and Manufacturing (IJIDeM)*, 14, pp.847-859.

Mazzone, M., & Elgammal, A.(2019). Art, creativity, and the potential of artificial intelligence. *Arts*, 8(1).

McCosker, A.(2024). Making sense of deepfakes: Socializing AI and building data literacy on GitHub and YouTube. *New Media & Society*, 26(5), pp.2786-2803.

Milano, S., et al.(2020). Recommender systems and their ethical challenges. *AI & Society*, 35, pp.957-967.

UNESCO(2022). *K-12 AI curricula: A mapping of government-endorsed AI curricula.*

West, D. M., & Allen, J. R.(2018.4.24). How artificial intelligence is transforming the world. https://www.brookings.edu/articles/how-artificial-intelligence-is-transforming-the-world/

Wiedmer, T.(2015). Generations do differ: Best practices in

leading traditionalists, boomers, and generations X, Y, and Z. *Delta Kappa Gamma Bulletin*, 82(1), pp.51–58.

06
AI 미디어 리터러시 교육의 방향성

AI 미디어 리터러시 교육의 방향성은 미디어 소비자들이 AI의 작동 원리와 한계를 이해하고, AI를 통해 제공되는 정보를 분석하며, 가짜 뉴스와 허위 정보를 식별할 수 있도록 돕는 데에 있다. 이러한 교육은 정보의 신뢰성과 출처를 평가하는 능력을 배양하여, 책임감 있게 미디어를 소비하고 생산할 수 있는 가치를 지닌다. 또한 미디어 환경에 대응할 수 있는 능력을 키우고, 정보 격차를 해소하며, 민주적인 정보 활용을 촉진하는 역할을 한다.

AI와 야구?

AI 미디어 리터러시 교육의 목표와 방향

AI가 우리의 삶과 사회를 혁신하고 있는 이상 AI 미디어 리터러시 교육은 더 이상 선택이 아닌 필수다. 교육은 인간의 기본 권리이자 글로컬 리더십을 제공하고 지속 가능한 발전을 추진하는 토대다. 베이커와 스미스(Baker & Smith, 2019)는 AI 교육을 학습자 중심, 교수자 중심, 교육 기관 시스템 중심으로 구분했다. 학습자는 적응형 또는 맞춤형 학습 관리 시스템으로 알려진 학습자 중심 AI를 활용해 주제를 연구할 수 있다. 교사들은 행정 업무 자동화, 과제 검토, 표절 감지, 피드백 제공 같은 교사 지원 도구를 사용할 수 있다. 이러한 시스템은 특히 교사들이 학생의 학습 진행 상황을 추적하고, 학습 속도나 이해도에 따라 적절한 피드백과 지원을 제공하는 데 도움을 준다. AI 교육을 통해 기르고자 하는 능력은 AI 기술 역량과 AI 윤리 역량, AI 융합 교육 역량으로 구성된다. AI 기술 역량은 데이터 사용 역량, 알고리듬 적용 역량, 모델링 활용 역량으로 구성하고, AI 윤리 역량은 인지적 · 비판적 · 창의적 윤리 역량으로 구성한다. 그리고 AI 융합 교육 역량은 AI와 융합할 수 있는 주제를 탐색해 새로운 교육 과정을 구성하는 능력, AI 융합 수업을 위해 학습자 · 학습 주제 · 학습 환경 등을 고려한 교수 학습 방법과 교수 전략을 수립하여 수업을 설계하는 능력, 실제로 AI 융합 수업을 구현하고 수행하는 능력, 학습자의 학습 성과 확인과 교수자의 수업 설계 · 실천에 대해 평가하는 능력으로 구성한다(유정수 외, 2022).

AI가 인간의 능력을 대체하는 것이 아니라 인간의 능력을 보강하고 증폭하는 데에 사용돼야 한다. AI의 발전으로 미디어는 우리의 생활에 더욱 긴밀하게 녹아들고 있으며, 이에 따라 우리는 미디어 소비와 상호 작용에 대해 더욱 심층적으로 이해해야 한다. 인간적 · 기술적 AI 핵심 역량이 파악되면 모든 사람이 AI가 보편화된 세상에 잘 대비할 수 있는 교육의 목표를 이해하게 된다. AI 미디어 리터러시 교육의 방향성은 이러한 새로운 시대를 대비하는 전략과 전망을 탐구하는 교육 과정에 초점이 맞춰져 있다. 여기서 중요한 점은 교육자가 AI를 가르칠 최상의 교수법과 윤리적 관행의 채택, 다양한 교육 방법을 통해 긍정적인 교육 효과를 얻기 위한 통합적 수준을 갖춰야 한다는 것이다.

교육자의 AI 미디어 리터러시 전문 지식을 다루기 위해 그리스 철학자 아리스토텔레스(Aristoteles)의 지식 유형 세 가지를 반영할 필요가 있다. 에피스테메(episteme, 이론적-과학적 지식), 테크네(techne, 실용적-생산적 지식), 프로네시스(phronesis, 정치-윤리적 지식 또는 실천적 지혜)는 AI의 전문 지식을 이해하는 데에 깊은 영향을 미치고 있다(Bearman et al., 2023). 이러한 세 가지 지식 영역은 AI 미디어 리터러시가 교육의 다차원적 측면과 어떻게 관련될 수 있는지를 구체적으로 이해하는 데에 도움이 된다. AI 미디어 리터러시는 교육자나 연구자들이 다양한 교육적 맥락에서 개념을 정의하고, AI 리터러시를 향상하기 위한 전문성을 개발하며, 교육 현장에서의 실용적·윤리적 지식을 탐구할 필요가 있다.

AI 교육을 위한 TPACK 모델의 통합적 접근

AI는 신경망과 같은 딥러닝 기술을 통해 인간의 창작물, 저작물 등의 콘텐츠와 텍스트, 오디오, 비디오, 이미지를 생성할 수 있다. 이러한 멀티모달 표현 방식의 AI 콘텐츠는 인간과 기계 간의 상호 작용을 통해 휴먼 커뮤니케이션을 복제하는 특성이 있다. 이러한 AI의 해석학적 순환과 윤리적 문제를 해결하기 위해서는 AI 기술, 교육학, 콘텐츠 지식을 종합적으로 통합한 기술-교육-내용-지식(technological, pedagogical, and content knowledge, TPACK) 모델을 활용하여 교육 방법을 적절히 검증해야 한다(Blankenship, 2024; Koehler et al., 2013). 미슈라와 콜러(Mishra & Koehler, 2006)는 AI 교육의 교육·학습 방식에 이론과 실제의 교차점을 고려하는 것이 중요하다고 전제한 뒤 TPACK 모델은 교육자가 효과적으로 새로운 기술을 교육에 통합하는 데에 필요한 세 가지 주요 지식 영역과 이들 영역의 상호 작용을 보여주는 동시에 각 영역은 교육자가 특정 맥락에서 교육 기술을 활용하는 데에 필요한 지식을 구성한다고 했다. 특히 학교와 교실에서 AI 리터러시를 효과적으로 통합하는 방법을 이해하기 위한 교수법을 제공한다(Celik, 2022; Kim et al., 2021).

TPACK 모델의 세 가지 주요 구성 요소 중 하나인 기술적 지식(technological knowledge, TK)은 기술을 이해하고 사용하는 능력을 말한다. 교사가 교육 과정에 기술을 어떻게 적용하고 통합할 수 있는지를 이해하는 것이 핵심이다. 다음으로 교육학적 지식(pedagogical knowledge, PK)은 교육 방법론과 전략에 대한 이해다. 학생의 AI 리터러시 학습을 촉진하는 교수 방법과 그 적용이 관련되어 있으며, 여기에는 교수 전략과 학습 과정에 대한 동기 부여를 위한 피드백 제공이 포함된다(Janssen et al., 2019). 내용 지식(content knowledge, CK)은 특정 학문 분야나 과목에 대한 깊이 있는 지식을 의미한다. 이 세 가지 지식 영역은 서로 겹치면서 교육에서 기술을 통합하는 데에 필요한 능력으로서 복잡한 지식 체계를 형성한다.

각 교차 영역은 독특한 지식 조합을 나타낸다. 교육 내용 지식(pedagogical content knowledge, PCK)은 교사가 특정 내용을 가르칠 때 가장 효과적인 방법을 이해하는 능력이다. 이는 학생들이 특정 과목을 배우는 방법과 그 과목을 가르치는 데에 가장 효과적인 전략을 결합한 것이다. 기술 내용 지식(technological content knowledge, TCK)은 특정 과목 내용을 전달할 때 기술을 사용하는 방법을 이해하는 능력이다. 이는 과목의 특성과 관련된 기술적 도구나 자원을 어떻게 선택하고 사용할지에 대한 지식을 포함한다. 기술 교육학적 지식(technological pedagogical knowledge, TPK)은 기술이 어떻게 교육적 전략과 방법에 영향을 미칠 수 있는지를 이해하는 능력이다. 이는 다양한 교육적 상황에서 기술을 효과적으로 사용하는 방법을 이해하는 것을 포함한다. 이 외에도 외부 요소로서 TPACK이 특정 교육 맥락(contexts)을 고려해야 한다. 여기에는 학습자들의 요구 사항, 교육 정책, 사회 문화적 요소 등을 포함한다.

TPACK 모델의 AI 교육의 적용

TPACK 모델을 AI 교육에 대입해 해석하면, 교육자들이 AI를 효과적으로 가르치고 활용하는 데에 필요한 지식과 이를 통합하는 방법을 이해하는 데에 도움이 된다. 이를 통해 AI를 교육에 통합하기 위한 종합적인 접근 방식을 제공할 수 있다.

기술적 지식은 AI의 이해와 활용 능력이다. AI 도구와 기술에 대한 지식으로서 기계 학습, 딥러닝, 자연어 처리 등의 AI 개념뿐만 아니라, 오픈AI의 챗GPT나 구글의 제미나이, MS의 코파일럿, 앤트로픽의 클로드3과 같은 AI 도구 · 플랫폼을 사용하는 방법을 이해하는 것이다. 또한 교육자들이 AI를 교육 과정에 어떻게 적용하고 통합할 수 있는지, AI 도구를 사용하여 데이터를 분석하거나 교육 자료를 개인 맞춤형으로 제공하는 방법을 알아야 한다.

교육학적 지식은 효과적인 AI 교육 방법과 학습 촉진을 아는 것이다. AI의 복잡한 개념을 이해하기 쉽게 전달하는 방법, AI 프로젝트 기반 학습을 설계하는 방법, 학생들이 AI를 실습할 수 있도록 지원하는 방법 등을 알아야 한다. 교육자들이 AI 학습을 어떻게 촉진하고 지원할 수 있는지를 이해하는 것이 중요하다.

내용 지식은 AI 분야의 전문 지식과 심도 있는 이해를 포함한다. 교육자들이 AI의 기본 원리, 알고리듬, 윤리적 고려 사항, 실제 응용 사례 등에 대한 전문가적인 지식을 갖는 것이 중요하다. AI 주제의 심도 있는 이해로서 AI의 역사, 현재의 기술 동향, AI의 다양한 응용 분야 등을 깊이 있게 이해하고 있어야 한다.

교차 영역의 AI 교육 적용

교육 내용 지식은 AI의 효과적인 교육 방법과 교육 전략을 갖추는 것이다. 교육자가 AI의 특정 내용을 가르칠 때 가장 효과적인 방법을 이해하고 적용할 줄 알아야 한다. AI 알고리듬을 설명하기 위해 시각적 자료를 사용하는 방법이나, AI 윤리를 논의하기 위한 토론 수업을 설계하는 방법을 포함한다. AI 교육 전략으로서 AI 개념을 쉽게 전달하고, 학생들이 이를 실습할 수 있도록 돕는 다양한 교육적 접근 방식을 포함한다.

기술 내용 지식은 AI 도구와 기술의 교육적 사용, 교육 내용의 통합이다. 특정 AI 내용을 가르칠 때 어떤 기술적 도구나 자원을 사용할지를 이해하는 능력이다. 예를 들어, 기계 학습 모델을 설명할 때 파이선(Python) 코딩이나 데이터 시각화 도구를 사용하는 방법을 포함한다. AI

가 특정 교육 내용을 어떻게 보완하고 강화할 수 있는지를 이해하고 적용할 줄 알아야 한다.

기술 교육학적 지식은 AI의 교육적 응용과 활용법이다. 다양한 교육적 상황에서 AI를 효과적으로 사용하는 방법을 이해해야 한다. 예를 들어, AI 챗봇을 사용하여 학생들의 질문에 답변하거나, AI 도구를 활용하여 학생들의 학습 성과를 분석하는 방법을 포함한다. 교육 활동에 AI 도구를 통합하여 학습 경험을 향상하는 방법을 아는 것이 중요하다.

AI의 종합적 교육 능력으로서 기술-교육-내용-지식이 중심이며, 교육자가 AI 기술, 교육적 전략, 그리고 AI 내용을 통합하여 효과적으로 가르칠 때 필요한 모든 지식을 결합한다. 교사가 AI를 수업에 통합하여 학생들이 AI를 이해하고 활용하도록 지원하는 종합적인 접근 방식을 개발해야 한다.

외부 요소로서 AI 교육 맥락은 학생들의 AI에 대한 접근성, 학생들의 기술 수준, 교육 목표 · 정책 등 다양한 요구와 사회 문화적 교육 환경을 반영해야 한다. 이렇게 TPACK 모델을 AI 교육에 적용하면, 교육자들이 AI를 효과적으로 가르치고 활용하는 데에 필요한 종합적인 접근 방식을 이해하고 개발할 수 있다.

참고문헌

유정수 외(2022). 『미래 세대 AI 함양을 위한 교원의 AI교육 역량 강화 방안 연구』(성과물 번호 D20600001). 한국과학창의재단.

Baker, T., & Smith, L.(2019). *Educ–AI–tion rebooted? Exploring the future of artificial intelligence in schools and colleges.* NESTA.

Bearman, M., et al.(2023). Discourses of artificial intelligence in higher education: A critical literature review. *Higher Education*, 86(2), pp.369–385.

Blankenship, R.(2024). Pedagogical models and generative AI fluency: A three–tiered empirical framework approach. In M. Searson et al.(Eds.), *Exploring new horizons: Generative artificial intelligence and teacher education* (pp. 39–61). Association for the Advancement of Computing in Education (AACE). https://www.learntechlib.org/p/223928/

Celik, I.(2022). Towards intelligent–TPACK: An empirical study on teachers' professional knowledge to ethically integrate artificial intelligence (AI)–based tools into education. *Computers in Human Behavior*, 138. doi:10.1016/j.chb.2022.107468

Janssen, C., et al.(2019). Comparing effects of instruction on word meaning and word form on early literacy abilities in kindergarten. *Early Education and Development*, 30(3), pp.375–399.

Kim, S., et al.(2021). Why and what to teach: AI curriculum for elementary school. *Proceedings of the AAAI Conference on Artificial Intelligence*, 35(17), pp.15569–15576. doi:10.1609/aaai.v35i17.17833

Koehler, M. J., et al.(2013). What is technological pedagogical content knowledge (TPACK)?. *Journal of Education*, 193(3), pp.13-19.

Mishra, P., & Koehler, M. J.(2006). Technological pedagogical content knowledge: A framework for teacher knowledge. *Teachers College Record: The Voice of Scholarship in Education*, 108(6), pp.1017-1054.

07
AI 미디어 리터러시 국내외 교육 사례

전 세계적으로 AI 미디어 리터러시를 증진하기 위한 교육적 노력이 진행되고 있다. 이러한 교육은 글로벌 미디어 환경 변화에 적응할 수 있는 능력을 길러 주며, 정보 격차를 해소하고, 민주적인 정보 활용을 촉진하는 데에 가치를 둔다. 외국의 교육 사례를 통해 국내 교육에 적용할 수 있는 교훈과 시사점을 발견함으로써, AI 디지털 시대에 더 나은 미디어 소비자로 성장할 수 있는 기회를 제공하고자 한다.

AI와 윤동주?

국내 AI 미디어 리터러시 교육

AI는 우리의 삶과 미디어 환경을 혁신하고 있다. 이러한 변화에 발맞춰 AI를 이해하고 활용하는 능력, 즉 AI 미디어 리터러시 교육의 중요성이 강조되고 있다.

교육부는 2022 개정 교육 과정에서 미래 세대 역량으로 디지털 소양을 꼽았다. 디지털 소양은 디지털에 대한 지식, 기술, 태도의 함양을 통해 궁극적으로 디지털 사회에서 살아갈, 책임 있고 성숙한 구성원을 기르는 데에 지향점을 두고 있다. 이는 컴퓨터, 인터넷, 소프트웨어, 디지털 미디어와 관련된 다양한 기술적 · 기능적 문제 해결 및 정보 이해 능력을 포함한다. 이를 AI에 대응한다면, AI 소양은 AI를 이해하고 활용할 수 있는 능력이다. AI 소양은 기본적인 기계 학습과 딥러닝 알고리듬에 대한 이해부터 시작하여, 데이터 분석, 자연어 처리, 컴퓨터 비전 등과 같은 심화한 AI 기술에 이르기까지 다양한 영역을 포함한다. 국내 AI 미디어 리터러시 교육은 학교와 사회 AI 미디어 리터러시 교육으로 구분할 수 있다.

학교 AI 미디어 리터러시 교육은 학생들을 대상으로 하여 AI의 작동 원리와 한계를 이해시키고, AI를 활용한 정보 분석 능력을 배양하는 데에 중점을 둔다. 이 교육은 정규 교과 과정에 포함되어, 학생들이 비판적으로 사고하고 가짜 뉴스와 허위 정보를 식별하는 능력을 키울 수 있도록 한다. 전국 각 지역교육청도 앞다퉈 이러한 활동 지원에 나서고 있다. 부산광역시교육청은 지난해 2월 교육청 중 처음으로 챗GPT 교육을 시작했다. '생성형 AI를 활용한 AI 윤리 포스터 만들기' 실습 등이 여기에 포함된다. 서울특별시교육청도 지난해 9월 챗GPT 등 AI 프로그램을 수업에서 활용하기 위해 '학교급별 생성형 AI 활용 지침'을 배포했다. 따라서 교사들은 수업과 교육 활동에서 생성형 AI를 활용하기에 앞서, 학생들에게 AI의 원리, 한계, 그리고 윤리적 사용에 대해 교육해야 한다.

또한 서울시교육청과 10개 시도교육청은 AI 맞춤형 교수 학습 플랫폼을 구축했다. 이 플랫폼은 △지능형 블렌디드 통합 수업 체계 구현 △지능형 학습 분석 시스템 개발 △민간 에듀테크 서비스 유통 생태계 마련 △학생 중심 교육 마이데이터 체계 정립이 목표다. 전국 시도교육청의 생성형 AI 활용 교육 자료로는 서울시교육청 『생성형 AI 교육 자료: ChatGPT 사례 중심으로』, 충청남도교육청 『대화형 AI 챗봇 활용 도움 자료』, 경상북도교육청 『생성형 AI 활용 길라잡이』, 인천광역시교육청 『ChatGPT 이해와 교수학습 가이드』, 세종특별자치시교육청 『문답의 시대 챗GPT 대화형 인공지능 도구를 활용한 교수학습 활용 사례』 등이 있다. 대학과 연구소에서는 AI 강의와 워크숍을 개최해 학생들에게 AI의 작동 원리와 윤리적인 사용법을 가르치고 있다.

사회 AI 미디어 리터러시 교육은 시민들을 대상으로 AI와 리터러시의 중요성을 가르치는 프로그램을 말한다. 이 교육은 전국 자치 단체, 시청자미디어센터, 평생교육장학진흥원, 미디어교육기관, 공공 도서관, 커뮤니티 센터, 온라인 플랫폼 등을 통해 제공되며, 다양한 연령대와 배경을 가진 사람들이 참여하고 있다. 네이버, 카카오, LG 등 기술 기업에서도 다양한 AI 교육 프로그램을 운영하고 있다. 이러한 프로그램들은 주로 어린이, 청소년, 중장년 · 노년층 등을 대상으로 AI의 기본 개념, 활용 방법, 윤리적 문제 등을 교육하고 있다. 이 두 가지 교육 형태는 상호 보완적으로 작용하여, 전체 사회의 AI 미디어 리터러시 수준을 향상하고, 미래 세대가 AI 시대에 더 나은 미디어 소비자로 성장할 수 있는 기반을 제공한다.

해외 AI 미디어 리터러시 교육

세계적으로 AI 미디어 리터러시를 강화하기 위해 다양한 노력을 기울이고 있다. 미국의 초중고와 대학에서는

AI 윤리와 데이터 프라이버시 교육을 포함한 AI 관련 과목을 필수로 제공하고 있다. 유럽 국가들은 AI 교육을 국가 교육 과정에 통합하여 학생들이 AI를 올바르게 사용하고 이해할 수 있도록 한다.

미국에서는 초보자를 위한 AI 교육이 초중고 교실에 초점을 맞추고 있다. AI 교육자와 연구자들이 협력해 초중고 AI 교육 표준을 개발하고, AI포올(AI4ALL), 레디AI(ReadyAI), 콩코드 컨소시엄(Concord Consortium)과 같은 비영리 기관들은 학교 교실에서 프로그램 운영, 온라인 학습, 경연 대회 등을 통해 초중고 AI 교육에 대한 접근성을 확대한다. 교육자와 연구자들은 교실에서 AI에 대해 가르치기 위한 수업 계획을 개발하고, 학생들이 스크래치나 MIT 앱 인벤터 같은 초보자 친화적인 코딩 플랫폼을 사용해 AI를 프로그래밍하거나 알고리듬을 훈련할 수 있도록 한다. 일부 커리큘럼은 기술적 능력보다는 AI 윤리에 더 중점을 둔다.

영국은 2021년 12월 '영국 교육 기술의 미래 기회(Future Opportunities for Education Technology in England)' 프로젝트를 통해 디지털 기술·교육 정책의 발전 가능성을 고려한 정책을 발표했다. 이를 위해 교사 대상 연수 프로그램을 운영하고, 학생들에게 AI의 작동

원리, 윤리적 문제, 사회적 영향을 교육한다. BBC 러닝(BBC Learning)과 같은 교육 기관에서는 다양한 온라인 AI 교육 콘텐츠를 제공한다.

핀란드는 2017년 10월 경제고용부를 통해 '핀란드의 AI 시대'라는 국가 AI 전략을 수립했다. 이 전략은 AI와 로봇 공학을 핀란드 기업의 성공을 위한 핵심 요소로 삼고자 하는 목표를 달성하기 위해 시도되었다. 핀란드는 오픈 데이터 정책을 채택하고, AI 번영을 위한 적절한 여건을 조성하는 데에 중점을 둔다. 2018년에는 'AI 시대의 일'에 관한 정책 보고서를 통해 AI가 노동 시장과 기술 요구 사항에 미치는 영향을 반영한 내용을 발표했다. 2019년에는 'AI 시대를 선도하는 핀란드'라는 AI 프로그램 최종 보고서를 통해 주요 정책에 대한 투자 수치를 제공하고 있다. 2020년 11월에는 AI 4.0 프로그램을 통해 여러 산업 및 서비스 부문의 중소기업을 중심으로 AI와 디지털 기술 개발과 도입을 촉진하는 새로운 AI 전략을 공개했다.

이러한 세계적인 노력은 모두 AI가 미래의 교육과 사회에 미칠 영향을 준비하고 대응하기 위한 것이다. 각국의 다양한 AI 교육 프로그램과 정책들은 AI가 교육 현장에서 실질적으로 적용되고, 학생들이 이를 통해 미래 사회에 필요한 역량을 갖출 수 있도록 한다. 미래의 교육은 AI를 중심으로 더욱 발전할 것이며, 이를 위해 각국은 지속적인 투자를 통해 AI 교육인프라를 강화하고, 학생들이 AI를 올바르게 이해하고 활용할 수 있도록 다양한 교육 프로그램을 제공해야 한다.

국내 교육에 적용할 수 있는 시사점

세계 각국의 AI 미디어 리터러시 교육 사례는 국내 교육 시스템에 많은 시사점을 제공한다. 미국과 유럽의 AI 교육 사례를 통해 AI 교육의 필수화와 국가 교육 과정에 AI 통합 등의 선제적 조치가 필요함을 예측할 수 있다. 미국은 초중고와 대학에서 AI 윤리와 데이터 프라이버시에 관한 교육을 포함해 AI 관련 과목을 필수로 제공하고 있다. 국내에서도 AI 교육을 필수 과목으로 지정하여 학생들이 AI의 기본 원리와 윤리적 문제를 체계적으로 학습할 수 있도록 해야 한다. 또한 유럽 국가들은 AI 교육을 국가 교육 과정에 통합하여 학생들이 AI를 올바르게 사용하고 이해할 수 있도록 한다. 국내 교육 과정에서도 AI 교육을 정규 과목으로 편성하고, 다양한 학년과 교과목에 AI 관련 내용을 포함해야 한다. 이를 통해 학생들이 어릴 때부터 AI에 대한 이해를 높이고, 실생활에 적용할 수 있는 능력을 갖추게 해야 한다.

모든 사람이 더 나은 삶을 살기 위해 AI를 활용하는 기술과 능력을 갖추도록 돕는 것이 교육의 사명이다. 모든 학습자가 양질의 교육을 받고 새로운 시대에 대비하는 데에 필요한 균형 잡힌 발달을 이룰 수 있도록 교육 콘텐츠, 방법, 평가, 플랫폼, 교사의 자질 등을 모두 개선해야 한다. 우리나라 교육에 적용할 수 있는 방안으로 AI 역량을 개발하기 위한 교육 과정 개선이 필요하다. AI 교육 과정은 인간 중심적이면서도 기술 지향적인 접근이 필요하다. 이를 위해 AI 핵심 역량을 향상하기 위한 교육 과정을 재설계해야 한다. 교육 과정은 단순한 교육 · 교수 시스템이 아니라 인재 양성을 목표로 한다는 점을 명확히 반영해야 하며, 이 목표에 맞게 설계되어야 한다. 또한 교육 과정의 내용을 체계적으로 재구성하고, 핵심 개념을 발전시키기 위한 종합적인 이슈에 주의를 기울여야 한다.

학교 교육 과정에 AI 미디어 리터러시 교육을 의무적으로 도입하고, AI 관련 선택 과목을 확대해야 한다. AI 미디어 리터러시 교육을 효과적으로 확산하기 위해서는 정부의 적극적인 지원이 필요하다. 특히 교사의 역할은 과거 지식의 전달자와 통제자로 보는 전통적 관점에서 벗어나고 있다. AI가 이러한 역할을 점점 더 많이 대신하고 있으며, 학습자에게 효과적인 멘토가 될 수 있음이 입증되었다. 고등 교육에서 교사의 역할은 학습자가 정보를 찾고, 통합하도록 지원하고, 독립적인 학습자와 공동작업을 함께하는 것으로 점점 더 제한되고 있다(Miao & Holmes, 2021). 그러나 학습자가 도전적인 과제를 수행할 준비가 됐는지 판단하려면 여전히 높은 전문성과 도덕적 기준을 갖춘 교사가 필요하다. 학습자가 잠재력을 최대한 발휘하도록 교사를 지원하는 방법에 초점을 맞춰야 한다.

참고문헌

Finland(2019). *Leading the way into the age of artificial intelligence* (Final report of Finland's Artificial Intelligence Programme 2019). Ministry of Economic Affairs and Employment.

Finland(2018). *Work in the age of artificial intelligence: Four perspectives on the economy, employment, skills and ethics.* Ministry of Economic Affairs and Employment.

Finland(2017). *Finland's age of artificial intelligence: Turning Finland into a leading country in the application of artificial intelligence.* Ministry of Economic Affairs and Employment.

Miao, F., & Holmes, W.(2021). *International Forum on AI and the Futures of Education: Developing competencies for the*

AI era (Synthesis Report). UNESCO.
https://unesdoc.unesco.org/ark:/48223/pf0000377251
Touretzky, D. S., et al.(2019). Envisioning AI for K-12: What should every child know about AI?. *Proceedings of the Thirty-Third AAAI Conference on Artificial Intelligence*, 33(01), pp.9795-9799.

08
AI 미디어 리터러시 교육 방법과 효과성 평가

AI 미디어 리터러시 교육 방법과 효과성 평가는 현대 사회에서 디지털 기술과 AI의 급속한 발전에 따른 필수적인 논의 주제다. AI 미디어 리터러시를 향상하기 위한 생애 주기별 교육 방법과 교육의 핵심 내용에 관한 효과성 평가와 개선점 도출이 요구된다. 교육 방법론의 다양성과 혁신성은 학습자의 흥미를 유발하고, 효과적인 학습을 가능하게 하는 요소다.

AI와 한의학?

생애 주기별 AI 미디어 리터러시 교육

AI 미디어 리터러시 교육은 생애 주기별로 설계되고 효과적으로 실행되어야 한다. 학생과 시민은 AI를 어떻게 활용할지에 대한 교육이 필요하며, 학교나 시민 교육에서 나이대에 적합한 AI 미디어 리터러시 내용을 구성하는 것이 디지털 시대 필수 역량의 성장을 가져올 수 있다. 그런 다음 교육자와 정책 결정자는 이러한 교육의 효과성을 계속해서 평가하고 개선해야 한다.

어린이

AI 미디어 리터러시는 어린이의 일상생활과 미래 학습에 긍정적인 영향을 미치는 적절한 기술 리터러시를 개발하는 데에 도움이 될 뿐만 아니라, 컴퓨팅 사고, 탐구를 위한 몰입 기술, 정서적 리터러시, 사회성 개발과 협업 같은 인지 발달을 위한 다양한 기술을 효과적으로 개발한다(Kewalramani et al., 2021; Su & Yang, 2022; Williams et al., 2019). 교육적 전략에는 학습 활동, 학습 방법, 그리고 AI 학습 도구가 포함된다. AI 개념, 지식 기반 시스템, 지도 학습, 생성형 AI, 기계 학습과 데이터 과학, 그리고 AI와 윤리 등과 같은 어린이들의 AI 관련 지식을 향상하기 위해 설계된 학습 프로그램을 개발한다.

김지일(2023)은 생성형 AI 학습 단계로, ① 사물이 가진 속성의 차이를 구별하는 변별력, ② 인지적 지원 도구로서의 개념화, ③ 개념 간의 관계 규명과 규칙성을 찾아 일반화 가능성을 모색하는 원리화, ④ 비판적 사고와 학습 격차와 관련한 문제 해결 등을 제시하기도 했다.

먼저, 게임과 장난감을 통한 체험 학습이 있다. AI 개념을 간단한 이야기나 게임으로 소개하여 어린이의 흥미를 유발한다. 어린이가 AI 장난감을 가지고 이야기하고 놀면서 상호 작용하는 일련의 AI 학습 활동을 통하여 창의적 · 정서적 · 협력적 탐구력을 향상할 수 있다(Kewalramani et al., 2021). 다음은 책과 영상 등의 미디어를 활용한 시각적 학습이다. AI 관련 동화책이나 교육적 영상을 통해 기초적인 개념을 이해한다. 한 연구에서는 발견 학습과 탐구 기반 학습, 이야기하기, 교육용 로봇을 사용하여 어린이들에게 다양한 AI와 컴퓨터 과학 주제를 가르친다(Kandlhofer et al., 2016). 또한 간단한 프로그램 체험도 효과적이다. 팝봇(PopBots), 조라이(Zhorai), 플러시팔(PlushPal) 등의 인기 있는 AI 도구는 어린이들이 AI나 기계 학습의 개념 또는 지식을 더 잘 이해할 수 있도록 도움을 준다. 이러한 어린이 친화적인 프로그램을 통해 기본적인 AI 조작 · 이해를 도모할 수 있다(Lin et al., 2020; Tseng et al., 2021; Williams et al., 2019).

청소년

청소년들이 AI와 상호 작용해야 하는 사회에서 살아갈 수 있도록 교육해야 한다. 홈스 외(Holmes et al., 2019)는 청소년기의 학생, 교사, 시스템 수준에서 작동할 수 있는 AI 역량을 파악했다. 학생 교육에는 지능형 튜터링 시스템, 대화 기반 튜터링 시스템, 발음 검출을 포함한 언어 학습 애플리케이션이 포함된다. 학생 지원을 위해 설명 학습 환경, 생성형 글쓰기 평가, 학습 네트워크 오케스트레이터, 언어 학습 애플리케이션, AI 협업 학습, AI 지속 평가, AI 학습 동반자, 코스 추천, 자기 성찰 지원(학습 분석, 메타 인지 대시보드), 교육용 챗봇을 통한 학습을 활용한다. 교사 지원에는 지능형 튜터링 시스템(ITS) 학습 진단, 총괄적 글쓰기 평가, 에세이 채점, 학생 포럼 모니터링, AI 교육 보조, 자동 시험 생성, 자동 시험 채점, 공개 교육 자원(OER) 콘텐츠 추천, 표절 탐지, 학생 주의력 · 감정 감지 등이 있다. 시스템 지원으로는 학습 관리 시스템(LMS), 조기 경고 시스템, 자원 배분을 위한 교육 데이터 마이닝, 학습 장애 진단(예: 난독증, 난산

증)을 포함한다.

이미 이러한 AI 시스템들은 청소년들의 교육과 훈련에서 사용되고 테스트되고 있다. 지능형 튜터링 시스템은 '학습자에게 즉각적이고 맞춤형 지시 또는 피드백을 제공하는 소프트웨어'로 정의되며, 일반적으로 인간 교사의 개입 없이 운영된다. 이러한 프로그램은 학생의 답변이 올바른지 확인하고, 답변이 틀렸을 경우 그 이유를 설명한다. 이 소프트웨어는 기계 학습을 사용하여 서면 작업, 음성과 기타 행동에서 패턴을 감지하고, 이를 통해 학생의 학습 스타일과 필요에 맞게 개별적으로 조정한다.

대학생

대학 교육은 학생들이 전공에 필요한 AI 지식을 습득하고 역량을 개발하는 데에 중점을 두고 있다. 최근 많은 대학에서 AI 전공과 학과가 만들어지고 있는 것은 새로운 변화가 아니다. 산업계는 AI에 대한 직원들의 역량을 강화하고 재교육을 시작했다. AI 역량을 갖춘 졸업생들은 고용 가능성과 업무 효율성을 높일 수 있음에 따라 대학들은 다양한 학문적 배경을 가진 학생들에게 기본적인 AI 지식을 구축하고 AI 애플리케이션을 개발하여 문제를 해결할 수 있도록 지원하고 있다(Kong et al., 2021). 대학 강좌는 의료, 비즈니스, 법률 등의 특정 산업에서 전문가들이 AI 기반 시스템과 기계를 조작하여 업무 효율성을 높이고, 동료와 협력하며, 기술 뒤에 있는 윤리적 문제와 한계를 이해하도록 지원하는 데에 중점을 둔다(Hwang et al., 2022; Xu & Babaian, 2021).

따라서 학생들의 기술적 능력과 AI를 적용하는 방법을 향상해 직업 · 산업의 요구를 충족시킬 필요가 있다. 이러한 교육의 목표는 산업계가 요구하는 AI 기술에 접근하고, 창의적으로 활용하며, 사회적 소통을 할 수 있는 역량 개발에 있다. 오늘날의 기업들은 AI 숙련도를 높이 평가하고 있는 만큼 다양한 비즈니스를 위한 AI 개발과 활용, 관리 등의 경력으로 이어질 수 있다.

중·장년층

중 · 장년층에게는 AI를 활용해 일상과 직장 생활에서 발생하는 문제를 해결하는 방법을 교육하고, 사이버 범죄와 개인 정보 보호에 대한 교육을 통해 안전한 인터넷 사용법을 교육하는 것이 중요하다. 특히 중 · 장년층 대상 교육 확산을 위해 온라인 강의 플랫폼을 통해 시간과 장소의 제약 없이 학습할 수 있는 유연성을 제공하며, AI

기술에 대한 기초부터 고급 지식까지 다양한 수준의 교육을 제공해야 한다. 이 시공간의 한계를 제거해 준 뒤 AI 기반의 생산성 도구나 데이터 분석 도구를 사용하여 업무 효율을 높이고, 개인화된 추천 시스템을 통해 일상생활의 편의를 증진할 수 있다.

삶과 경력 기술은 중·장년층이 역동적인 글로벌 커뮤니티에서 시민으로서 참여하고, 직업 세계에서 다양한 도전과 기회를 맞이할 준비를 하는 데에 중요하다. 복잡한 삶과 직업 환경을 헤쳐 나가기 위해 긍정적인 사고방식, 태도, 그리고 다른 역량(유연성, 적응력, 자기 주도성, 사회적 기술, 생산성, 책임감)을 개발할 필요가 있다(van Laar et al., 2017). AI는 중·장년층의 고용 환경을 변혁할 잠재력을 가지고 있으며, 이러한 변화에 적응하기 위해 관련 기술을 개발해야 한다. 예를 들어, 싱 외(Singh et al., 2020)는 AI 프로파일링이 단순히 공식 자격에 관한 정보 수집에서 기술과 삶의 경험을 포착하는 신체적·정신적·감정적·사회적 등의 측면을 모두 고려하는 전체론적 접근으로 이동할 것이라고 제안했다. 세틴다마르 외(Cetindamar et al., 2022)는 AI와 관련된 네 가지 직장 역량을 강조했다. 기술적 능력(데이터 수집, 분석, 윤리, 보안), 직무 관련 기술(의사결정, 비판적 사고, 팀워크), 인간-기계 상호 작용(상황 평가, 적응적 전문성), 학습 역량(평생 학습, 자기 학습 능력) 개발을 통해 유연하고 적응력을 키워야 한다. 다른 연구들도 제4차 산업 혁명에서 문제 해결(Mohammed et al., 2021), 감성 지능, 판단, 서비스 지향, 협상과 인지적 유연성(Webber-Youngman, 2017), 그리고 의사소통과 팀워크 기술(Seo et al., 2021)의 중요성을 언급했다. 이러한 교육 내용과 방법을 통해 중·장년층이 AI 미디어 리터러시를 습득하고, 이를 통해 개인적·직업적 성장을 이뤄갈 수 있다.

노인

전 세계적으로 가장 빠르게 성장하는 연령대는 65세 이상의 노인층이다. AI의 발전은 노인들이 다양한 문제를 극복하고 독립적인 생활과 웰빙을 증진할 수 있는 새로운 기회를 제공한다. 음성 비서, 소셜 로봇, 스마트 홈 등 AI 기반 기술은 노인의 독립적인 생활에 큰 도움이 된다. 그러나 젊은 성인에 비해 노인들은 현재의 AI 디지털 사회에 적응하는 데에 어려움을 느끼고 있다(Shandilya & Fan, 2022). AI는 점점 더 전문화되고 있으며, 일상생활의 안락함과 편안함은 디지털 도구 활용 능력에 따라 크게 달라진다.

노인 대부분은 낮은 기술 이해도, 용어 이해 부족, 사용성 저하, 사용 설명서의 정보 부족 등 여러 어려움에 직면하고 있다(O'Brien et al., 2020; Wang et al., 2019). '노인을 위한 AI는 없다'라는 표현은 기술 발전이 고령층을 충분히 배려하지 않는 현실을 지적하는 말이다. 이는 AI 기술 소외 문제, 디지털 격차 해소 필요성, 노인층을 고려한 포용적 디자인 등의 사회적 책임을 강조한다.

AI 미디어 리터러시 교육의 효과성

AI 미디어 리터러시 교육 목표를 달성한 후에는 그 효과를 평가해야 한다. 효과 평가는 교육의 효과성과 효율성을 고려한다. 효과성(effectiveness)은 개인이나 조직이 의도하고 계획한 목적이 제대로 달성되었는지 평가하며, 효율성(efficiency)은 교육 참여자들에게 혜택과 서비스를 전달하는 데에 든 비용을 평가하는 것이다. 효과성 평가는 AI 미디어 리터러시 교육의 목표 달성 여부를 확인하고, 교육 프로그램의 개선과 발전을 위한 중요한 지표를 제공한다. AI 리터러시를 갖추는 데에 필요한 지식적 차원의 AI 식별과 AI 이해, 기술적 차원의 AI 활용, AI 분석, AI 창조, 태도적 차원의 AI 이용 윤리성과 AI 비판적 평가(황현정 · 황용석, 2023) 등의 교육의 효과성을 분석함으로써 어떤 교육 방법이 가장 효과적인지, 어떤 부분에서 보완이 필요한지를 명확히 할 수 있다.

AI 미디어 리터러시 교육 목표는 대상에 초점을 맞추고 효과성과 효율성을 지향해야 하며, 목표 달성 여부를 명확히 측정할 수 있어야 한다. 교육 목표의 전략적 사고를 위해 교육 주체와 대상(who, whom), 시기와 기간(when), 교육 장소(where), 교육 배경과 의미(why), 교육 콘텐츠(what), 교육 방법과 절차(how), 정도와 횟수(how much) 등의 5W1H를 고려해 시행한다. 즉 목표별로 교육 결과를 구체화하고, 전략을 선택하며, 성과와 과정을 모니터링하고, 효과성을 평가하기 위한 요인들을 구성해야 한다.

효과성 평가는 교육이 효과적이고 효율적으로 수행되었는지를 분석하는 과정이다. 효과성 평가 방안으로는 AI 미디어 리터러시 지식 획득과 이해도 측정(사전 · 사후 테스트를 통한 지식 획득도 평가, AI를 활용한 다양한 구 · 서비스 사용 능력, 학습자의 AI 개념과 응용에 대한 이해도 평가), 실제 응용 능력 평가(가짜 뉴스나 편향된 정보를 식별하는 비판적 사고 능력, 프로젝트나 과제를 통해 실제 상황에 적용하는 능력, 문제 해결 · 응용력 측정을 위한 실전 평가), AI 기술 태도와 인식 변화 평가(안전한 사용을 위한 태도와 인식 변화 측정, AI 기술에 대한 태도 형성과 윤리적 고려 사항에 대한 측정) 등이 있다.

AI 미디어 리터러시 교육의 효과성 평가는 크게 정량적(quantitative) 평가와 정성적(qualitative) 평가로 나눌 수 있다. 정량적 평가는 분석 단위가 숫자이며, 사전 · 사후 지식 측정, 정보 평가 능력 측정, 윤리적 판단 능력 측정 등을 통해 학습 결과를 객관적으로 평가한다. 측정 자료를 분석하고, 조사자가 연구 결과와 분리되어 있으며, 사전에 결정된 조사 설문지를 사용한다. 이를 통해 설문 결과 분석, 온라인 분석, 내용 분석 등이 이루어진다. 교육 프로그램의 전반적인 영향을 참가자 전원을 대상으로 전수 조사하는 데에 이용된다.

정성적 평가는 단어나 문장 등이 분석 단위가 되며, 조사자의 개입에 의한 인터뷰나 면담지를 사용한다. 질적 설문 조사, 심층 인터뷰, 포커스 그룹 인터뷰, 토론 분석 등을 통해 교육 만족도, 태도와 행동 변화를 평가한다. 교육 대상자의 의견 · 감정 · 경험 등을 주의 깊게 관찰한 후 평가가 이뤄지며, 내러티브 연구(narrative research), 현상학적 연구(phenomenological research), 근거 이론 연구(grounded theory research), 민속지학

연구(ethnographic research), 사례 연구(case study) 등의 질적 접근이 가능하다.

참고문헌

김지일(2023). 초등학교 교실에서 ChatGPT 활용 수업의 의미 탐색. ≪컴퓨터교육학회논문지≫, 26(6), 97–115쪽.

황현정·황용석(2023). AI 리터러시 개념화와 하위차원별 세부 역량 도출에 관한 연구. ≪사이버커뮤니케이션학보≫, 40(2), 89–148쪽.

Cetindamar, D., et al.(2022). Explicating AI literacy of employees at digital workplaces. *IEEE Transactions on Engineering Management*, 71, pp. 810–823. doi:10.1109/TEM.2021.3138503

Holmes, W., et al.(2019). *Artificial intelligence in education.* Center for Curriculum Redesign.

Hwang, G. J., et al.(2022). AI in online-learning research: Visualizing and interpreting the journal publications from 1997 to 2019. *The International Review of Research in Open and Distance Learning*, 23(1), pp.104–130.

Kandlhofer, M., et al.(2016). Artificial intelligence and computer science in education: From kindergarten to university. In *2016 IEEE Frontiers in Education Conference (FIE)*(pp. 1–9).

Kewalramani, S., et al.(2021). Using artificial intelligence (AI)–interfaced robotic toys in early childhood settings: A case for children's inquiry literacy. *European Early Childhood Education Research Journal*, 29(5), pp.652–668.

Kong, S.C., et al.(Eds.)(2021). *Conference proceedings (English*

Paper) of the 25th Global Chinese Conference on Computers in Education (GCCCE 2021). The Education University of Hong Kong.

Lin, P., et al.(2020, April). Zhorai: Designing a conversational agent for children to explore machine learning concepts. *Proceedings of the AAAI Conference on Artificial Intelligence*, 34(09), pp.13381-13388.

Mohammed, Z., et al.(2021). Psychological problems among the university students in Saudi Arabia during the COVID-19 pandemic. *International Journal of Clinical Practice*, 75(11). doi:10.1111/ijcp.14853

O'Brien, K., et al.(2020). Voice-controlled intelligent personal assistants to support aging in place. *Journal of the American Geriatrics Society*, 68(1), pp.176-179.

Seo, K., et al.(2021). The impact of artificial intelligence on learner.instructor interaction in online learning. *International Journal of Educational Technology in Higher Education*, 18(1), pp.1-23.

Shandilya, E., & Fan, M.(2022). Understanding older adults' perceptions and challenges in using AI-enabled everyday technologies. doi:10.48550/arXiv.2210.0136

Singh, S., et al.(2020). Convergence of blockchain and artificial intelligence in IoT network for the sustainable smart city. *Sustainable Cities and Society*, 63, pp.102-364.

Su, J., & Yang, W.(2022). Artificial intelligence in early childhood education: A scoping review. *Computers and Education: Artificial Intelligence*, 3. doi:10.1016/j.caeai.2022.100049

Tseng, T., et al.(2021). PlushPal: Storytelling with interactive plush toys and machine learning. In *Proceedings of the 20th*

Annual ACM Interaction Design and Children Conference (pp. 236–245).

van Laar, E., et al.(2017). The relation between 21st–century skills and digital skills: A systematic literature review. *Computers in Human Behavior*, 72, pp.577–588.

Wang, S., et al(2019). Technology to support aging in place: Older adults' perspectives. *Healthcare*, 7(2). doi:10.3390/healthcare7020060

Webber–Youngman, R. C. W.(2017). Life skills needed for the 4th industrial revolution. *Journal of the Southern African Institute of Mining and Metallurgy*, 117(4), pp.iv–v.

Williams, R., et al.(2019). A is for artificial intelligence: The impact of artificial intelligence activities on young children's perceptions of robots. In *Proceedings of the 2019 CHI Conference on Human Factors in Computing Systems* (pp.1–11).

Xu, J. J., & Babaian, T.(2021). Artificial intelligence in business curriculum: The pedagogy and learning outcomes. *The International Journal of Management Education*, 19(3). doi:10.1016/j.ijme.2021.100550

09
AI 미디어 리터러시와 디지털 시민성

이제 AI가 존중, 책임, 참여, 윤리 등의 가치를 실천하며 더 나은 디지털 사회를 만들어 나가는 데에 미치는 영향을 분석해 미디어 소비자들이 더 나은 디지털 시민으로 거듭날 수 있도록 한다. 디지털 시대의 민주 시민으로서 역할과 책임을 다하고 윤리적인 AI 사용자가 되기 위해서는 AI를 활용하는 데에 필요한 디지털 시민성을 강화하는 것이 시대적 과제다.

AI와 화장품?

좋은 시민, 민주 시민, 세계 시민의 필수 역량

AI 디지털 시대에서 미디어에 대한 이해는 AI를 기반으로 하는 기술적 도구와 시스템, 콘텐츠와 정보의 생산·전달·표현, 상징적 의미와 문화적 맥락에서 사회적 상호 작용, 윤리와 정치적 문제, 그리고 탈진실의 구분, 다양한 미디어 형식의 이해와 비판적 사고를 위한 미디어 리터러시 등 다양한 측면을 고려하여 이뤄져야 한다. 이러한 AI 디지털 기술을 통해 시민들 간의 소통이 이뤄지기 시작하면서 좋은 시민(good citizen)에 대한 관심이 증가했다. 좋은 시민에는 가치, 규범, 윤리, 행동, 참여에 대한 기대 등 다양한 구성 요소가 포함된다. 또한 민주주의와 인권의 의미, 시민 문화의 개념, 평등권, 디지털 시대 기술의 역할 등 다양한 현대적 이슈와 관련이 있다(Hung, 2012). 여기에 민주 시민 교육은 사회 정치적 참여자로서 주권자임을 강조하는 좋은 시민에게 초점이 있다. 이러한 좋은 시민으로 성장한다는 것은 시민이 자신을 둘러싼 정치 체제 지식뿐만 아니라 사회 현상을 이해·판단할 수 있는 비판적 사고력과 문제 해결 능력을 갖추고, 다양한 공동체 구성원의 권리와 의무, 정치 참여, 인권, 다양성 존중 등과 같은 민주주의 가치를 존중하고 실천하는 것을 의미한다(설규주, 2021).

세계 시민은 상호 의존적이고 연결된 세계를 인식하고 그 세계의 보편적 가치 추구에 적극적으로 참여함으로써 형성되는 시민성이다. 빠르게 확산하는 세계화 과정은 국가 간의 협력을 강화하고 문화적 · 사회적 · 교육적인 상호 연결과 상호 의존성을 강화한다. 전 세계 거의 모든 국가에 일어나고 있는 세계화는 기술적 진보로 특징지어진다(Murdiono & Wuryandani, 2021). 통신과 정보 기술은 점점 더 국경이 없는 세상을 만들고 있다. AI 미디어 리터러시 목표는 사람들이 현명한 미디어 소비자가 되는 것뿐만 아니라 좋은 시민이 되도록 돕는 것이라는 본질적 의미를 내재화한다.

그런 점에서 미디어는 현실을 구성하며 여론에 직접적 영향을 미치므로, AI 미디어 리터러시는 민주주의 시민을 양성하는 데에 필수적인 요소다. 힌치(Hinchey, 2003)는 미디어 리터러시를 갖추면 자기 결정적인 인간, 더욱 적극적이고 성찰적인 민주 시민이 될 수 있는 능력에 상당한 영향을 미칠 수 있다고 보았다. 진정한 참여 민주주의는 사회적 이슈에 대한 고유한 관점을 개발하고 공유하려는 시민의 노력과 이러한 관점을 창출하고 유통하는 새로운 접근 방식을 개발하는 데에 달려 있다(Mihailidis & Thevenin, 2013). AI 미디어 리터러시는 전 세계적으로 모든 시민이 누리는 표현의 자유와 정보에 대한 기본적인 권리로 인식되며, 주로 시민의 민주적 참여와 역량을 강화하는 데에 중점을 두고 있다. 시민 역량은 개개인이 공공 생활에 적극적으로 참여하고 민주적 가치를 증진하기 위한 지식과 기술을 의미하며, 국가와 지역 사회에 대한 이해, 자료 수집과 분석, 협업, 사회 문제 해결 능력 등을 포함하고 있어야 한다.

디지털 시민성을 향한 AI 미디어 리터러시

시민성(citizenship)은 전통적인 의미에서 국가 관계에서 시민에게 형성된 가치관과 시민의 역할 · 책임에 관한 행동 양식의 특성이자 성질로 개념화된다(Westheimer & Kahne, 2004). 여기에는 세 가지 요소가 포함되는데, 언론 · 사상 · 종교 · 재산권 · 사법권 등 개인의 권리와 책임인 '시민적 요소', 시민이 공동체의 통치 과정에 참여하여 권력을 행사할 기회를 제공받는 '정치적 요소', 국가가 수행하는 경제 · 복지 · 안보 · 문화 등의 '사회적 요소'로 구성된다(Banks, 2008; Choi, 2016). 디지털 시민성은 이러한 전통적 의미의 시민성과 크게 다르지 않다. 산업 사회에서 지능 정보 사회로 전환하면서 디지털 기술의 발전은 삶의 모든 측면에 반영되어 일상생활에

자리 잡기 시작했다. 시민성은 디지털 기술에 의해 지속해 매개되며, 온라인에서 안전하게 소통하고 협력해야 한다는 요구는 디지털 시민성이란 개념을 탄생시켰다(Ribble, 2008; Ribble et al., 2004; Shelley et al., 2004). 이때 디지털 시민은 기술과 관련된 인간, 문화, 사회적 문제를 이해하고 법적 · 윤리적 행동을 실천하고, 안전하고 합법적이며 책임감 있는 정보 · 기술 사용에 동조하며, 협업 · 학습 · 생산성 향상을 위한 기술 사용에 대한 긍정적인 태도와 평생 학습에 대한 책임감, 디지털 시민으로서 리더십을 발휘하는 특성을 보인다(Isman & Gungoren, 2014). 그래서 디지털 시민성은 기술 사용의 문제를 넘어 사회적 · 윤리적 이슈로 인식됨으로써 존중과 예의, 책임감 있는 행동, 세상을 더 나은 곳으로 만드는 긍정적인 활동 참여 등의 의미로 확장할 수 있다.

디지털 시민성에 대한 보편적인 정의가 없는 만큼(Richardson et al., 2021) 초기 디지털 시민성은 '온라인 상태에서 적극적으로 사회에 참여할 수 있는 권리'로 정의했으며(Mossberger et al., 2007), 접근성 · 포용성 · 커뮤니케이션 권리 등 사회적 문제 해결을 위한 디지털 격차 해소에 중점을 두었다(Shelley et al., 2004). 최근에는 디지털 시민성을 기술 사용에서 누려야 할 권리와 준수해야 할 책임(Hassan, 2021)으로, 디지털 세상에서 따라야 할 적절하고 책임 있는 규칙과 행동의 집합(Saleem, 2018)으로 정의한다. 즉 디지털 시민성은 온라인 정보, 디지털 기술에 대한 지식, 콘텐츠 제작, 온라인 행위의 윤리적 의식을 갖는 시민 역량으로 개념화한다. 디지털 시민성은 디지털 기술에 대한 적절하고 책임감 있는 행동 규범으로서 디지털 리터러시 능력을 토대로 온라인에서 안전하게 행동하는 방법을 이해하며, 다른 사람과의 소통에서 존중과 배려를 표현하는 교양과 예절을 지키며, 사회적 문제를 해결하기 위해 협력하고 창의적으로 대응할 수 있는 사회적 가치와 태도다. 디지털 시민성은 본래의 '시민성'을 바탕으로 온라인 환경에서 안전하고 책임감 있게 행동하며, 다른 사람과 협력해 공동체를 만들어 가는 능력을 의미한다. AI는 의견을 표현하고 정보를 공유하는 강력한 도구지만, 그만큼 위험도 크다. 디지털 시민성을 통해 우리는 온라인에서의 행동에 대한 책임을 인지하고, 다른 이들과의 상호 작용에서 예의를 지키며, 온라인에서 안전하게 활동할 수 있는 능력을 기를 수 있다. 그래서 AI 미디어 리터러시와 디지털 시민성은 공통적인 핵심 요소이며 목표로 설명되기도 한다.

인터넷과 디지털 기술을 사용하는 모든 사람은 디지털 시민이다. 디지털 시민은 인터넷과 기술을 사용하여 정치부터 전자 상거래, 소셜 미디어를 통한 연결에 이르기까지 사회의 모든 측면에 참여한다. 디지털 시민은 기술, 인터넷, 사용자와 책임감 있게 관계를 맺는다. 디지털 시민성의 여러 개념을 모아 하나의 체계로 종합한 리블(Ribble, 2015)은 디지털 접근(디지털 격차 해소를 통한 정보 접근성 증진), 디지털 상거래(소비자 보호, 안전한 온라인 구매와 결제 방법), 디지털 커뮤니케이션(디지털 연결, 정보의 흐름과 교환 이해), 디지털 리터러시(기술의 접근, 이해, 평가, 표현, 소통 능력), 디지털 에티켓(존중의 가치와 품위, 올바르게 행동하는 방법), 디지털 법률(디지털 활동과 관련한 법적 책임 의식), 디지털 권리와 책임(기본권으로 사생활 보호와 표현의 자유), 디지털 건강과 웰빙(신체적 건강 유지와 정신적 피폐화 방지), 디지털 안전(디지털 기기의 보안과 안전은 개인의 의무) 등의 9가지 요소로 디지털 시민성을 제시한다. 모든 디지털 시민은 적절한 사용을 위한 기준을 제시하는 디지털 시민성의 9가지 요소를 준수하기 위해 노력해야 한다. 국제교육기술학회(ISTE, 2021)는 좋은 시민이 되려면 학교 · 사회생활에서 포용력, 정보력, 참여, 균형감, 주의력 등의 기술을 강화하는 방법을 배워야 한다고 강조한다.

디지털 시민성을 향한 AI 미디어 리터러시는 정보 환경의 복잡성과 위험을 이해하고 대처하는 데에 필수적인 도구로서 우리의 일상생활에서 비중 있는 역할을 한다. 시민이 참여적이고 포용적이며 민주적인 삶을 살 수 있도록 하기 위해서는 시민 생활에서 표현, 참여, 협업, 비판, 소통을 위한 공간을 제공하는 미디어 환경을 탐색할 수 있는 능력이 있어야 한다. '좋은 시민'에 대한 단일 지표는 없지만 점점 더 미디어화되는 세상에서 디지털 시민성을 향한 미디어 리터러시 교육은 조기에 도입하는 것이 중요하다. 그에 못지않게 디지털 시민성을 학교나 사회에서 1년 내내, 매년 가르치는 것이다. 학생들은 나이가 들어 감에 따라 온라인 활동도 달라질 것인데, 연령별 · 계층별 미디어 사용 방식이 다르기 때문이다. 디지털 시민성을 향한 미디어 리터러시 역량 제고를 위해 학교나 지역 사회 차원에서 관심이 필요한 시기다. 이러한 다양한 지역 사회의 노력을 통해 디지털 시민성의 역량을 증진하고, 디지털 환경에서 안전하게 참여하고 이바지할 수 있는 민주 시민을 양성할 수 있다.

포스트 AI 시대의 디지털 시민성

AI 디지털 기술의 혁신은 사회와 경제를 변화시키며 일상생활에 더욱 깊숙이 영향을 미치고 있어서 개인의 디지털 역량에 대한 높은 수준의 필요성을 입증하고 있다. 이런 이유로 디지털 리터러시와 디지털 시민성은 서로 보완적인 관계로 인식되고 있다. 이제는 디지털과 아날로그를 더 이상 분리할 수 없는 '포스트 디지털(post digital)' 시대에 살고 있으며 팬데믹 이후 AI 디지털 기술의 교육과 활용은 더욱 필수적인 것으로 인식되고 있다 (Villar-Onrubia et al., 2022). 디지털 기술이 지배하는 시대에서 디지털 교육은 모든 개인에게 경쟁력의 원천이 될 동등한 기회를 제공하는 데에 필수적이다. 디지털 역량과 기술을 갖추고 디지털 인프라와 기기의 가용성을 보장하는 것은 미래의 모든 학습과 직업이 일정 수준의 디지털 역량과 기술을 요구할 것이기 때문이다. 결국에 디지털 지식과 정보에 얼마나 효율적으로 접근하고, 정보를 분석 · 평가하며, 이를 일상에 적절히 활용하느냐가 곧 개인의 삶의 질을 결정하는 중요한 요소가 된다 (정용복, 2020). 예컨대 학생이나 시민, 미래의 직장인이 공식적 · 비공식적 맥락에서 디지털 기술을 활용하고 평가하는 역량이 없으면 취업부터 사회적 상호 작용에 이르기까지 다양한 측면에서 뒤처질 우려가 있다(Chase & Laufenberg, 2011; Meyers et al., 2013). 게다가 AI 디지털은 교육과 직업적 관행을 넘어 넓은 의미에서 적극적인 사회 참여와 시민 의식의 필수 요소이기도 하다. 이에 따라 학생들에게 사회의 규범과 질서를 가르치는 것처럼 디지털 시민이 되기 위한 디지털 세계의 규칙과 기술을 안전하고 책임감 있게 사용하는 방법을 가르쳐야 할 필요성이 있다.

지난 수십 년간 디지털 리터러시에 대한 이해는 디지털 기술에 접근 · 활용하는 능력에서 디지털 시민성 개념의 실천과 관련한 더욱 복잡하고 빠르게 변화하는 개념으로 확장되고 있다. 특히 '자연적 실제'와 '디지털 기술' 사이의 이전에 가정된 경계가 현재의 시민성 개념에 대한 기준으로 더는 유용하지 않은 만큼 디지털 리터러시는 디지털 시민성의 토대가 되고 있다(Villar-Onrubia et al., 2022). 이에 따라 디지털 시민성은 이러한 비판적 리터러시를 기반으로 다른 사람과 소통하고 협력해 특정한 사회적 · 문화적 · 정치적 맥락을 인식하는 데에서 디지털 리터러시 역량의 중요성을 강조한다(Vuorikari et al., 2022). 디지털 리터러시와 디지털 시민성의 개념과 구성 요소를 명확히 구별하기가 점차 어려워지지만,

디지털 리터러시가 개인의 디지털 역량과 기술에 대한 본질이라면 디지털 시민성은 리터러시 역량을 기반으로 태도와 시민 행동을 드러내는 사회적 현상에 가깝다. 디지털 리터러시와 시민성 모두 디지털과 인터넷 기술을 다룬다는 점에서 개인적 역량과 개별화된 주체성을 강조하지만, 디지털 시민성은 광범위하게 온라인 참여 능력과 윤리 의식, 사회적 포용성 등으로 확장된다. 디지털 행위는 다양한 정보 흐름을 해석하고, 디지털 기술을 통해 결과를 예측하며, 정치적 참여를 위한 새로운 공간을 창출하는 것을 수반한다. 이러한 모든 행위가 디지털 시민성을 공고히 하는 데에 이바지하며 사회 참여적이고 능동적인 시민을 육성한다.

참고문헌

설규주(2021). 코로나 시대의 민주시민교육과 세계시민교육이 갖는 함의. ≪열린교육연구≫, 29(4), 25-44쪽.

정용복(2020). 미디어 리터러시 교육 인식과 정책 방안 연구: 제주지역 학교와 사회 미디어교육 관계자 심층 인터뷰. ≪한국소통학보≫, 19(3), 51-86쪽.

Banks, J. A.(2008). Diversity, group identity, and citizenship education in a global age. *Educational Researcher*, 37(3), pp.129-139.

Chase, Z., & Laufenberg, D.(2011). Embracing the squishiness of digital literacy. *Journal of Adolescent & Adult Literacy*, 54(7), pp.535–537.

Choi, M.(2016). A concept analysis of digital citizenship for democratic citizenship education in the Internet age. *Theory & Research in Social Education*, 44(4), pp.565–607.

Hassan, M. A.(2021). The role of secondary school in the development of the values of digital citizenship for students under the coronavirus pandemic (covid–19). *Multicultural Education*, 7(3), pp.236–245.

Hinchey, P. H.(2003). Introduction: Teaching Media Literacy: Not if, but why and how. *The Clearing House*, 76(6), pp.268–270.

Hung, R.(2012). Being human or being a citizen? Rethinking human rights and citizenship education in the light of Agamben and Merleau–Ponty. *Cambridge Journal of Education*, 42(1), pp.37–51.

Isman, A. & Gungoren, O. C.(2014). Digital citizenship. The Turkish Online Journal of Educational Technology, 13(1), pp.73–77.

ISTE(2021). Digital citizenship in education. https://www.iste.org/areas-of-focus/digital-citizenship

Meyers, E. M., et al.(2013). Digital literacy and informal learning. *Learning, Media and Technology*, 38(4), pp.355–367.

Mihailidis, P., & Thevenin, B.(2013). Media literacy as a core competency for engaged citizenship in participatory democracy. *American Behavioral Scientist*, 57(11), pp.1611–1622.

Mossberger, K., et al.(2007). *Digital citizeship: The Internet, society and participation*. The MIT Press.

Murdiono, M., & Wuryandani, W.(2021). Civic and nationalism education for young Indonesian generation in the globalization era. *Jurnal Civics: Media Kajian Kewarganegaraan*, 18(1), pp.158–171.

Ribble, M.(2008). Passport to digital citizenship journey toward appropriate technology use at school and at home. *Learning & Leading with Technology*, 36(4), pp.14–17.

Ribble, M.(2015). *Digital citizenship in schools: Nine elements all students should know* (3rd ed.). International Society for Technology in Education.

Ribble, M., et al.(2004). Digital citizenship: Addressing appropriate technology behavior. *Learning & Leading with Technology*, 32(1), pp.7–13.

Richardson, J. W., et al..(2021). Systematic review of 15 years of research on digital citizenship: 2004–2019. *Learning, Media and Technology*, 46(4), pp.498–514.

Saleem, T. A.(2018). Digital Citizenship and its Activation Means in Educational Institutions. *International Forum of Teaching & Studies*, 14(2), pp.39–53.

Shelley, M., et al.(2004). Digital citizenship: Parameters of the digital divide. *Social Science Computer Review*, 22(2), pp.256–269.

Vuorikari, R., et al.(2022). DigComp 2.2: The digital competence framework for citizens – With new examples of knowledge, skills and attitudes. Publications Office of the European Union. https://data.europa.eu/doi/10.2760/115376

Villar–Onrubia, D., et al.(2022). Critical digital literacy as a key for (post)digital citizenship: an international review of teacher competence frameworks. *Journal of e–Learning and*

Knowledge Society, 18(3), pp.128-139.

Westheimer, J., & Kahne, J.(2004). What kind of citizen? The politics of educating for democracy. *American Educational Research Journal*, 41(2), pp.237-269.

10
AI 미디어 리터러시 교육 과제와 전망

미디어 이용자들이 AI와 미디어의 상호 작용을 이해하고 비판적으로 평가하는 능력을 키우는 과정에서 다양한 어려움과 과제들이 많다. 따라서 AI 미디어 리터러시 교육이 현재와 미래를 연결하는 핵심 요소임을 인식하고, 기술 발전과 정보 환경의 복잡성 증대에 맞춰 AI 역량을 개발하기 위한 교육적 전략과 미래 방향성을 모색하는 것이 중요한 과제로 떠오르고 있다.

종교와 AI?

AI 디지털 시대, 우리가 준비해야 할 것

교육은 이제 지식을 습득하기 위한 나이, 장소, 시간을 명확히 구분할 수 없다. 오늘날 시민들은 방대한 양의 정보를 습득해야 하며, 미래의 사회인들은 개인이 보유할 수 있는 것보다 훨씬 더 다양한 지식을 알아야 한다. AI 미디어 리터러시 교육은 우리 사회의 미래를 창조하기 위한 필수적인 도전이다. 이는 단순한 교육의 확장이 아니라, 지속해서 배우고 적응하는 사고방식과 습관을 갖추는 것을 의미한다. 이를 통해 우리는 변화하는 세상에 대비하고, 사회적 · 경제적 발전을 이끌어 갈 수 있다.

AI 디지털 대전환 시대를 맞아 학교 교육에 국한되지 않고, 개인이 새로운 지식과 기술을 지속해서 습득하여 자기 계발을 이루고, 변화하는 세상에 적응할 수 있도록 돕는 평생 교육의 중요성이 강조되고 있다. 평생 교육은 개인이 태어나서부터 죽을 때까지 다양한 형태의 교육을 통해 지식, 기술, 태도를 지속해서 학습하고 발전시키는 과정을 의미한다. 평생 교육은 모든 연령대의 개인이 삶의 모든 단계에서 학습 기회를 통해 성장하고 발전할 수 있도록 하는 교육 체계로서, 정규 교육 과정뿐만 아니라 비정규 · 비형식 교육을 포함해 모든 교육적 활동을 아우르는 포괄적인 개념이다. 이것은 개인의 자아실현과 사회 · 경제적 참여를 촉진하기 위해 다양한 학습 환경과 자원을 제공하는 것을 목표로 하며, 개인이 평생 학습할 수 있는 환경을 조성해 더 나은 삶을 살 수 있도록 돕는 중요한 역할을 한다.

AI 미디어 리터러시 교육은 현대 사회에서 디지털 격차 해소, 사회적 포용성 강화, 지역 경제 활성화, 개인의 역량 강화와 삶의 질 향상, 공동체 의식과 사회적 연대 강화, 그리고 디지털 기술의 윤리적 사용과 사회적 책임 교육 등 여러 방면에서 필수적인 요소다.

디지털 격차는 정보와 기술 접근성의 차이로 인해 발생하는 사회적 불평등을 의미한다. 이러한 격차를 줄이기 위한 AI 미디어 리터러시 교육은 디지털 접근성이 낮은 지역이나 계층에서 더 큰 효과를 발휘하며, 전반적인 사회적 평등을 증진한다.

사회적 포용성 강화 측면에서도 AI 미디어 리터러시 교육은 다양한 배경과 경험을 가진 사람들이 디지털 기술을 통해 소통하고 협력할 수 있도록 다양한 목소리가 사회적으로 인정받고 존중받는 문화를 형성하는 데에 기여한다. 또, 지역 사회에서 AI를 활용한 비즈니스와 산업의 발전을 촉진함으로써 지역 경제의 활력을 높이고 새로운 일자리를 창출할 수 있다.

AI 미디어 리터러시 교육은 개인의 역량 강화와 삶의 질 향상에도 큰 영향을 미친다. 개인에게 디지털 환경에서 필요한 기술적 능력과 비판적 사고 능력을 기를 수 있게 한다. 공동체 의식과 사회적 연대 강화 측면에서도 디지털 기술을 통해 공동체 구성원들이 서로 더 잘 소통하고 협력할 수 있게 되면, 공동체 의식이 강화되고 사회적 연대가 촉진된다. 마지막으로, 디지털 기술의 윤리적 사용과 사회적 책임 교육은 AI 미디어 리터러시 교육의 핵심적인 부분이다. AI의 발전과 함께 윤리적 문제와 사회적 책임에 대한 논의가 중요해지고 있다. AI 미디어 리터러시 교육은 디지털 시대의 지속 가능한 발전을 위해 개인이 디지털 기술을 윤리적으로 사용하고, 그로 인해 발생할 수 있는 사회적 영향에 대해 책임감 있게 행동하도록 가르친다.

특히 지역 맞춤형 AI 미디어 리터러시 교육 프로그램 개발이 필요하다. 지역의 특성과 필요에 맞춘 교육 프로그램 개발은 지역 평생 교육의 효과성을 높이는 핵심 요소다. 이를 위해 지역민 대상 조사를 통해 지역 특성 분석이 우선되어야 하며, 프로그램 개발과 운영을 위해 현지 전문가와의 협력, 실습 중심 교육과 유연한 교육 방식, 지속적인 평가와 개선이 이뤄져야 한다. 구체적으로 지역마다 고유한 경제적 · 사회적 · 문화적 특성이 있으며, 이 특성에 맞춘 교육이 제공될 때 교육의 효과가 극대화될 수 있다. 이는 지역 주민들의 실제적인 필요를 충족시키고, 지역 사회 발전에 직접적으로 이바지할 수 있다. 평생 교육 프로그램을 개발하기 전에 먼저 해당 지역의 경제적 · 사회적 · 문화적 특성을 분석하여 지역민들이 실제로 어떤 분야에 관심이 많고, 필요로 하는 교육 내용은 무엇이고 어떤 형식을 취해야 하는지를 조사해야 한다. 주민 요구를 반영한 교육 프로그램은 참여율과 만족도를 높일 수 있다. 이어서 지역의 특성에 맞는 교육 프로그램을 개발하기 위해 현지 전문가와 협력하는 것이 중요하다. 지역 산업에 종사하는 전문가나 지역 내 교육 기관과의 협력을 통해 실질적이고 유용한 교육 콘텐츠를 개발할 수 있다. 평생 교육 프로그램 개발은 지역민이 실질적으로 기술을 습득할 수 있도록 실습 중심의 교육 프로그램을 제공해야 한다. 이는 이론보다는 실습으로 실제 현장에서 바로 적용할 수 있는 기술을 배우는 것을 목표로 한다. 또한 지역민들이 다양한 일정과 생활방식을 가지고 있으므로 유연한 교육 방식을 제공해야 한다. 이는 주말이나 저녁 시간대의 수업, 온라인과 오프라인 병행 수업, 모듈형 수업 등 다양한 형식을 포함할 수 있다. 이를 통해 더 많은 주민이 교육에 참여할 수 있게 된다. 평생 교육 프로그램을 운영한 후에는 지속적인 평가와 피드백을 통해 프로그램의 효과성을 점검하고 개선해야 한다.

AI 미디어 리터러시 교육의 과제

AI의 발전은 미디어 소비에 혁명적인 변화를 불러왔다. 이에 따라 우리는 AI 미디어 리터러시 교육의 중요성을 점점 더 인식하고 있다. 정보의 양과 속도가 크게 증가하고, 새로운 정보 플랫폼과 콘텐츠 형식이 등장하며, 정보의 진위성과 편견 문제가 더욱 심화하고 있다. 이러한 변화에 대응하기 위해 AI 미디어 리터러시 교육은 현대 사회에서 필수적인 교육 영역으로 자리 잡고 있다. 그러나 이 교육이 효과적으로 이뤄지기 위해서는 여러 가지 과제를 극복해야 한다.

첫째, 교육자와 교육 체계의 준비가 필요하다. AI의 발전 속도에 비해 교육 체계가 뒤처지고 있는 상황에서, 적절한 교육 자료와 교육 방법론을 개발하고 교육자들을 준비시키는 것이 중요하다. AI의 특성과 최신 동향을 반영한 교육 프로그램을 위해 교육자에게도 지속적인 연수와 지원이 필요하다. 교육자들이 AI 기술에 대한 깊은 이해를 바탕으로 학생들을 지도할 수 있도록 하는 것이 우선 과제다.

둘째, 다양성과 포용성을 강조하는 교육이 필요하다. AI는 개인화된 콘텐츠를 제공함으로써 정보의 접근성을 높이는 동시에, 정보 다양성을 감소시킬 우려도 있다. 따라서 AI 미디어 리터러시 교육에서는 미디어 이용자가 다양한 의견과 관점에 노출되도록 해야 한다. 이를 통해 민주적 관점에서 편향되지 않은 시각을 가지고 비판적으로 사고할 수 있는 능력을 키우는 것이 필요하다.

셋째, 윤리적 쟁점과 도덕적 판단력을 강화하는 교육이 이뤄져야 한다. AI는 개인 정보 보호, 책임성과 편향성, 인권 침해 등 여러 윤리적 쟁점을 동반한다. 이러한 문제들을 인식하고, 이를 극복하기 위한 도덕적 판단력을 기르는 교육이 필수적이다. AI가 일으킬 수 있는 윤리적 문제들을 이해하고, 이를 해결하기 위한 책임감 있는 태도를 배워야 한다.

넷째, 적절한 지식과 기술, 태도를 갖추는 교육이 필요하다. AI를 효과적으로 이해하고 활용하기 위해서는 기본적인 지식과 기술 능력을 갖춰야 한다. 프로그래밍, 데이터 분석, 알고리듬의 이해 등 AI의 기본 원리에 대한 교육이 필요하다. 이러한 기술적 능력은 AI 미디어 리터러시 교육의 핵심 요소로서 미디어 이용자들이 AI를 활용한 문제 해결 능력을 갖추도록 한다.

다섯째, AI 미디어 리터러시 교육의 효과성을 위해서는 적절한 교육 환경과 인프라 조성이 중요한 요소가 된다. 이는 최신 컴퓨터 장비, 소프트웨어, 인터넷 연결 등의 기술적 자원을 포함한다. 또한 AI를 실습하고 체험할 수 있는 교육 공간과 시설이 필요하다. 이를 위해 정부나 지역 공공 기관은 지속해서 인프라를 개선하고, 최신 기술을 도입해야 한다.

마지막으로, 교육의 연속성과 지속성이 중요하다. AI와 같은 빠르게 진화하는 분야에서는 과거의 지식에 안주하지 않고 새로운 기술과 방법론을 습득해야만 경쟁력을 유지할 수 있다. 새로운 기술과 윤리적 문제들이 계속해서 등장하기 때문에 AI 미디어 리터러시 교육은 일회성 교육이 아니라 지속적인 학습 과정으로 이어져야 한다. 이를 위해 교육 시스템은 유연하고 적응력이 있어야 하며, 최신 정보를 반영할 수 있어야 한다.

AI 미디어 리터러시 교육의 전망

AI 미디어 리터러시 교육은 끊임없이 변화하는 최신 정보를 반영하는 것이 필수적이다. 어제 배운 지식과 기술이 오늘은 더 이상 유효하지 않을 정도로 기술의 발전 속도는 매우 빠르다. 따라서 교육 프로그램은 최신 동향을 반영하고, 새로운 내용을 신속히 추가하여 발전시켜야 한다. 또한 교육자와 학습자 간의 협력을 강화하여, 최상의 교육 경험을 제공하려는 노력을 끊임없이 이어 가야 한다. 이를 통해 교육의 품질을 유지하고, 더 나아가 지속적인 학습과 협력을 통해 미래의 변화를 대비하는 능력을 키우는 것이 핵심이다.

AI는 앞으로 더욱 빠르게 발전하며, 이에 따라 환경은 점점 더 복잡해지고 새로운 윤리적 문제들이 지속해서 발생하고 있다. 따라서 AI 미디어 리터러시 교육의 중요성은 더욱 강조되며, 지속적인 연구와 개발을 통해 효과적인 교육 방법을 모색해야 한다. 이러한 배경에서 지역 특성에 맞춘 AI 미디어 리터러시 교육 설계와 혁신은 앞으로 우리가 주목해야 할 부분이다. AI 미디어 리터러시 교육의 성공적 안착을 위해서는 접근성, 교육 방법, 교육 인프라, 정책적 지원 등 여러 요소가 유기적으로 결합해야 한다.

우선, 지역의 특성과 주민들의 요구에 맞춘 맞춤형 교육 프로그램을 개발하고, 이를 지원하는 법적 · 제도적 기반과 충분한 재정 지원이 뒷받침될 때 AI 미디어 리터러시 교육은 지속 가능한 발전을 이루고, 모든 주민에게 디지털 시대에 필요한 지식과 기술, 태도를 습득하는 기회를 제공할 수 있다. 이를 위해서는 AI 미디어 리터러시 교육 설계 시 수요자 요구 조사를 통해 연령대, 직업, 관심사에 맞춘 맞춤형 교육 프로그램을 기획 · 제공해야 한다.

또한 스마트폰 앱 · 키오스크 활용 등의 디지털 접근 방식과 새로운 AI 디지털 도구 활용 중심의 제작 활동에 치우친 교육 방법의 한계점을 극복해야 한다. 디지털 접근 · 생산 능력에 치우친 나머지, AI 미디어에 대한 비판적 분석과 평가를 통한 정보 판별 능력이나 시민성 교육을 위한 인문 사회학적 교육이 부족한 점도 개선할 필요가 있다. 가짜 뉴스나 허위 정보, 명예 훼손과 개인 정보 보호 등의 인권 침해와 관련된 비판적 이해 영역 교육도 필요하다.

학교 현장에서의 리터러시 교육을 위해서는 보호주의 패러다임에서 벗어나, AI 디지털 능력과 함께 창의적 능력을 키울 수 있는 방향으로 전환해야 한다. 또한 AI 미디어 리터러시 교육이 안정적인 재원 확보 없이 일회적이고 단발성 행사 중심의 프로그램이 주류를 이루고 있어 교육의 체계성과 연계성이 부족한 문제도 있다. 지역 단위 네트워크 구축의 필요성과 연계하여 AI 미디어 리터러시 교육 활성화를 위해 민관학 협력 네트워크 체계를 통한 협의 과정을 구체화할 필요가 있다.

AI 미디어 리터러시 교육이 성공적으로 안착하기 위한 정책적 지원을 강조하고 싶다. AI 미디어 리터러시 교육을 지원하는 관련 법령 제정 · 개정을 통해 법적 · 제도적 기반을 마련하여, 지속적이고 안정적인 교육 서비스 제공을 보장해야 한다. 이러한 과제들을 극복하려면 중앙 정부와 지역 정부, 학교, 지역 미디어 교육 기관, 기업, 비영리 단체 등이 협력하여 종합적이고 체계적인 AI 미디어 리터러시 교육 시스템을 구축하는 노력이 필요하다. 이러한 협력을 통해 AI 교육은 개인의 역량을 강화하는 것은 물론이고, 사회적 책임을 다하는 성숙한 시민을 양성할 수 있다. 아울러 AI 미디어 리터러시 교육을 담당하는 교강사와 교육자들의 역량 강화를 위해 지속적인 훈련과 연수를 제공해 최신 교육 기법과 디지털 기술을 습득할 수 있도록 지원해야 한다. 이러한 노력이 결실을 볼 때, 우리는 AI 디지털 대전환 시대에 걸맞은 미래 지향적인 사회를 구축할 수 있다. AI 미디어 리터러시 교육은 개인의 역량을 강화하고, 사회적 포용성을 증진하며, 지역 경제를 활성화하는 데에 분명히 기여할 것이다. 이를 통해 우리가 모두 AI 디지털 시대의 혜택을 고르게 누리며, 함께 성장하고 발전하는 공동체 사회를 만들어 갈 수 있다.

정용복

한양대학교에서 커뮤니케이션·저널리즘 전공으로 박사학위를 받았다. 지역 일간신문과 뉴스통신사 기자 등을 경험했고, 제주대학교에서 학생들을 교육하고 연구를 하고 있다. 현재 한국방송학회 지역방송연구회장, 한국지역언론학회 부회장, 한국언론정보학회 시민분권미디어위원장, 한국언론학회 지역이사, 언론인권센터 지역협력위원장, ≪언론과학연구≫ 편집위원, 제주언론학회 부회장, 제주언론인클럽 사무처장, 제주대총동창회보 편집위원장 등으로 있다. 저역서는 『What is Digital Journalism Studies?』, 『제주 언론인의 기억』, 『대학미디어』 등이 있다. 논문은 "Comparing family members' expressions of grief to that of reporters", "언론에 재현된 자치분권과 지역균형발전의 사회적 실천과 의미", "언론은 제주 4·3을 어떻게 보도하는가" 등 30여 편이 있다. 한국지역언론학회 학술상(2020, 2022), 제주언론학술상 우수논문상(2022), 4·3학술연구논문 우수상(2018), 한국언론학회 신진학자 우수논문상(2014) 등을 수상했다. 미디어의 사회적 소통과 지역공동체, 디지털 저널리즘 연구, 그리고 AI 디지털 리터러시와 시민성에 관한 학제적·이론적 연구에 관심을 두고 있다.